# Da Arte à Morte

Coleção Estudos
Dirigida por J. Guinsburg
(*in memoriam*)

*Revisão de tradução*  Cibele Moreira Giacone
*Coordenação de texto* Luiz Henrique Soares e Elen Durando
*Preparação*  Marcio Honorio de Godoy
*Revisão*  Manuela Penna Azi
*Capa* Sergio Kon
*Editoração*  A Máquina de Ideias/Sergio Kon
*Produção* Ricardo W. Neves e Sergio Kon

# Michel de M'Uzan

## DA ARTE À MORTE
### ITINERÁRIO PSICANALÍTICO

TRADUÇÃO
Fabio Landa

© Éditions Gallimard, 1977.

Dados Internacionais de Catalogação na Publicação (CIP)
(Câmara Brasileira do Livro, SP, Brasil)

M'Uzan, Michel de, 1921-2018.
    Da arte à morte : itinerário psicanalítico / Michel de M'Uzan
; tradução Fabio Landa. – São Paulo : Perspectiva, 2019. – (Coleção Estudos ; 366 / coordenação J. Guinsburg (in memoriam)

    Título original: L'Art à la mort : itinéraire psychanalytique.
    Bibliografia.
    ISBN 978-85-273-1161-8

    1. Psicanálise – Europa – História – Século 20. I. Landa, Fabio.
II. Título. III. Série.

19-29426                                                CDD-150.195

Índices para catálogo sistemático:

1. Psicanálise : Psicoterapia 150.195
Iolanda Rodrigues Biode - Bibliotecária - CRB-8/10014

1ª edição

Direitos reservados em língua portuguesa à
EDITORA PERSPECTIVA LTDA.

Alameda Santos, 1909, cj. 22
01419-100 São Paulo SP Brasil
Tel.: (011) 3885-8388
www.editoraperspectiva.com.br

2022

# Sumário

Prefácio.............................................IX

PRIMEIRA PARTE

1. Visão Geral do Processo de Criação Literária (1964) ....3

2. Experiência do Inconsciente (1967).................27

3. Freud e a Morte (1968) ...........................47

SEGUNDA PARTE

1. Transferências e Neurose de Transferência (1966) .....63

2. "Acting Out Direto" e "Acting Out Indireto" (1967) ....71

3. O Mesmo e o Idêntico (1969)......................79

4. Afeto e Processus de Afetação (1970) ................93

5. Notas Sobre a Evolução e a Natureza do Ideal
   do Ego (1973)...................................101

6. Trajetória da Bissexualidade (1975) ................107

TERCEIRA PARTE

1. Um Caso de Masoquismo Perverso:
   Esboço de uma Teoria (1972) ..................... 119
2. S.e.e.m. (1974) ................................... 143
3. Contratransferência e Sistema Paradoxal (1976) ...... 157
4. O Trabalho de Falecimento (1976)................. 175

Posfácio – *Murielle Gagnebin*........................... 195

Sobre o Autor....................................... .205

# Prefácio

Os textos desta compilação[1], com exceção de um deles, inédito, são reproduzidos essencialmente como foram publicados em diversas revistas; todos são datados e teria sido inútil, acredito, querer remanejá-los ou completá-los para conferir-lhes *a posteriori* uma espécie de unidade. Alguns foram concebidos como intervenções em colóquios e congressos; outros nasceram diretamente de experiências clínicas que me forçaram a aprofundar ou modificar meus próprios conceitos; outros, enfim, são o resultado de uma reflexão relativamente mais abstrata sobre grandes temas – a arte e a morte, por exemplo – que o psicanalista mais ligado à clínica é levado em algum momento a considerar. Porém, além de sua diversidade, todos têm em comum serem oriundos de uma mesma pesquisa empírica e constituem assim etapas do meu próprio caminho.

Naturalmente, esse caminho não estava traçado de antemão; eu diria quase que foi ao compor esta compilação que me apareceu claramente. O fato é que, ao percorrê-lo em retrospectiva, perguntei-me mais de uma vez se não pareceria ter-me afastado

---

1   As referências de origem de cada texto estão assinaladas no final do volume. As intervenções em congressos estão alinhadas na segunda parte, bem como os trabalhos que suscitaram nossas reflexões.

x

muito do meu ponto de partida e, também, se os últimos textos não correriam o risco de contradizer gravemente os primeiros. A contradição, mesmo que seja mais aparente que real, exige, todavia, alguns esclarecimentos; primeiramente, para que não se subestime sua realidade e, depois, porque, nascida de alguma maneira da prática, ela constitui agora para mim algo de fecundo.

Em "Transferências e Neurose de Transferência", "Acting out" e "O Mesmo e o Idêntico", reconhecer-se-á, penso eu, com facilidade, a tonalidade do universo psíquico que chamamos "edipiano", para lembrar ao mesmo tempo sua gênese, sua estrutura original e seus laços estreitos com cada história. Refiro-me a este universo inteiramente organizado ao redor da castração como o lugar onde se constitui um passado construído, reconstruído ou até inventado. A partir da castração, as exigências do instinto e as relações do sujeito com seus objetos são definitivamente complicadas, elas sofrem os efeitos da organização romanesca que, a partir daí, influi decisivamente sobre a economia psíquica do indivíduo. Aí nada se repete, tudo se refaz ou, mais precisamente, tudo se repete de outra maneira, trata-se justamente daquilo que se passa na neurose de transferência e que falta no que eu chamei "transferências", para designar um modo de relações no qual o passado não é retrabalhado. Essa oposição evidencia dois tipos de funcionamento mental ou talvez dois tipos de estruturas: um no qual o desenvolvimento, marcado por uma mutação radical contemporânea do Édipo, abole o passado enquanto repertório de fatos e sequência cronológica; outro que não conhece a ruptura e onde, por consequência, o passado, limitado a suas datas e a seu conteúdo reais, está isento de qualquer remanejamento. Esses dois "modelos" podem ser encontrados tanto fora da análise – na criação literária, por exemplo – quanto no campo analítico propriamente dito, onde sua confrontação permite, entre outras coisas, precisar a estrutura da resistência, a natureza da passagem ao ato, o papel e o valor funcional dos fenômenos de repetição. Aqui, o Édipo e seu corolário, a castração, aparecem como agentes históricos de uma organização psíquica que depende em grande parte da força ou da fraqueza com a qual são colocados em imagens, em cena, literalmente *representados*.

Indubitavelmente, não deixará de causar uma certa estranheza que tais agentes, aos quais atribuí outrora uma importância capital, não desempenhem mais nenhum papel nos meus textos mais recentes. Efetivamente, desde o meu trabalho sobre o masoquismo e o ideal do ego, fui levado a outras regiões, em que o modelo "edipiano" não permitia mais por si só apreender e conceituar os fatos, mas onde, em contrapartida, o exame da problemática narcísica abria um campo de reflexão. Quer se trate da bissexualidade, da contratransferência ou de certas experiências ligadas às fantasias de morte, me vi conduzido a colocar constantemente em questão a noção de identidade, noção que, quando a castração era ainda o primeiro fator de organização, apresentava precisamente a maior solidez. A partir dessa nova perspectiva, não são mais as personificações "edipianas", mas, no sentido amplo do termo, os fatos da despersonalização que demandam a máxima atenção.

Para evitar um mal-entendido: a despersonalização, como a entendo aqui, recobre manifestações bastante diversas que, embora tendo em comum uma certa indeterminação dos limites do ego, não se acompanham necessariamente de angústia ou de desestruturação. Deve-se colocar nessa categoria o "arrebatamento", que descrevi como o momento da criação literária, certas experiências de luto, o nascimento do afeto, certos estados do analisado justo antes de uma tomada de consciência e, no analista, momentos muito particulares da atenção flutuante. Mais ou menos fugidios, mais ou menos profundos, esses abalos da identidade do sujeito, que passam geralmente por acidentes pertencendo seja à psicopatologia da vida quotidiana, seja à patologia simplesmente, não são para mim nem acidentais, nem negativos. Vejo neles, pelo contrário, um dado fundamental da vida psíquica individual, alguma coisa, em suma, de absolutamente contraditória com a ideia que fazemos de nossa identidade, mas contraditória num sentido positivo. Porque esses momentos nos quais o ego e o não ego trocam tão facilmente de lugar implicam uma expansão considerável da experiência, graças à qual o indivíduo pode completar sua integração pulsional e tocar, assim, seu fundo mais autêntico. Longe de serem apenas sintomas, são a melhor oportunidade oferecida ao ser de escapar às identificações estranhas à sua verdade, dito de outra maneira, de construir-se a si mesmo, por si mesmo, sem risco de falsificação. Se creio numa experiência clínica comprovadora, paradoxalmente é quando o

XII

indivíduo não tem medo de se desfazer que ele tem mais chance de atingir o que realmente é.

A paisagem mental que acabo de descrever constitui um contraste evidente com a do sujeito "edipiano" bem recolhido nos limites de sua identidade, que não se concebe para além dessa estrita definição. Como conciliar esses dois sujeitos aparentemente pouco destinados a coexistir? Deve-se tê-los como modelos de funcionamento psíquico diametralmente opostos, excluindo-se consequentemente no mesmo indivíduo? De minha parte, não é assim que formularia a questão, se bem que num outro contexto ela pudesse naturalmente ser levantada; pois, como há de se notar talvez nos ensaios reunidos aqui, se escolhi preferencialmente seguir trajetórias em vez de trabalhar sobre entidades teóricas fixas, é justamente porque, a meus olhos, o aparelho psíquico, inacabado por natureza, não para de se construir e de se remanejar até a morte. Visto a partir desse ângulo de trabalho incessante, os dois tipos evocados acima são assim não apenas perfeitamente conciliáveis, mas complementares; não apenas representativos de idades psíquicas diferentes, mas ativos conjuntamente no mesmo campo temporal. Não existe indivíduo tão solidamente delimitado, tão "edipiano", que não esteja sujeito a passar a este outro mundo onde o "eu" e o "ele" tendem incessantemente a se confundirem; mas, na minha opinião, tampouco existe alguém para quem essa passagem na esfera intermediária da identidade incerta – que não é exatamente uma regressão, ao menos no sentido clássico da palavra – não aporte um crescimento no sentido de sua própria verdade. Em qualquer oportunidade que se produzam – muitos elementos me fazem pensar que eles têm uma relação profunda com uma experiência da natureza do luto –, eu considero essas vacilações do ser como momentos fecundos, até mesmo como os instantes mais autênticos da inspiração. Assim como o "arrebatamento" do escritor – que é de fato um despojamento de sua pessoa – muda a obra projetada em tarefa imperiosa e comunica-lhe as forças que ela necessita para tomar forma e individualizar-se, do mesmo modo, em geral, é nesses estados fora dos limites, onde o verbo "edipiano" cessa de se conjugar, que o ser pode encontrar algo que o possibilite mudar-se a si mesmo em *obra* a finalizar.

# PRIMEIRA PARTE

# I.

# Visão Geral do Processo de Criação Literária
# 1964

Não é sem uma certa apreensão que me proponho a expor algumas reflexões sobre o processo da criação literária. Mas para aliviar uma parte de meus escrúpulos, direi imediatamente que compartilho o ponto de vista de Francis Pasche sobre esse tema, tal como ele o exprimiu recentemente, por ocasião de um colóquio introduzido por Gérard Mendel[1]. Em outros termos, creio também que a investigação psicanalítica não pode tocar a essência mesma da sublimação artística; que os problemas do dom, do talento, do gênio etc., escapam à nossa disciplina, como a qualquer outra, mesmo à estética clássica. Limitar-me-ei assim a avançar em algumas questões que me parecem dignas de serem examinadas e, talvez, até mesmo suscetíveis de serem em parte esclarecidas.

Mas, poderíamos nos indagar, por que retomar um tema tão espinhoso se não podemos contribuir para elucidá-lo completamente? Simplesmente porque excita justificadamente a curiosidade e, sobretudo, porque não podemos desconhecer o papel importante que desempenha frequentemente nos tratamentos. Parece-me, efetivamente, que desde a época em que Freud

---

1 Cf. *Revue Française de Psychanalyse*, v. XXIX, n. 1, 1965.

exprimia a Pfister seu ceticismo sobre as possibilidades da via sublimatória as coisas mudaram muito[2]. Existe por toda parte, em quase todos os meios, pessoas que escrevem, que entram de uma maneira ou de outra no circuito de produção dita artística e que, além do mais, têm meios de publicar o que fazem. Assim somos confrontados frequentemente em nossos tratamentos com o desejo mais ou menos frívolo de escrever, o fracasso mais ou menos grave de uma vocação, com inibições passageiras, ou ainda com a aparição de maneira totalmente inesperada, no curso de uma análise, de uma atividade literária autêntica. Noto, aliás, que enquanto uma parte do público mantém o preconceito de que a análise esteriliza a inspiração do artista, os próprios interessados parecem frequentemente compartilhar a opinião de Freud, que dizia sobre isso numa carta: "se o impulso para criar é mais forte do que as resistências interiores, a análise só pode aumentar, jamais diminuir as faculdades criadoras"[3].

Falei de veleidades, fracasso, inibições, enfim, dos acidentes com os quais nos confrontamos. Trata-se evidentemente de um aspecto que não escapou aos trabalhos psicanalíticos. Porém, de maneira geral, a importante literatura consagrada a esse tema pareceu-me apresentar o processo criador de maneira um tanto idílica. Ora, não há lugar para idílio, mas trata-se de uma tarefa aleatória, sempre ameaçada, a tal ponto que para alguns ela pode tirar de seus próprios riscos uma parte de sua dignidade. É o caso de uma tendência literária atual – penso, por exemplo, nos trabalhos de Maurice Blanchot, de Bataille etc. – que vai até mesmo ver na dificuldade, no bloqueio, na inibição, a própria alma do trabalho autêntico. A esse propósito, contaram-me que Georges Bataille teria dito a Robbe-Grillet, certa vez em que este se queixava de estar travado em sua atividade do momento, o seguinte: "Enfim, o impasse!" Quase poder-se-ia dizer que a marca do verdadeiro escritor é a impossibilidade de escrever.

Sem ir tão longe, creio que o processo criador tem originalmente um caráter dramático que não perde jamais, mesmo quando a obra não guarda mais traço dele. Dramático, deixemos

2    S. Freud; Oscar Pfister, carta de 9 de fevereiro de 1909, *Briefe 1909-1939*, Frankfurt: S. Fischer, 1963; trad. fr. Paris: Gallimard, 1966.

3    S. Freud, carta a Mlle N.N..., 27 de junho de 1934, *Briefe 1873-1939*, Frankfurt: S. Fischer, 1960; trad. fr. Paris: Gallimard, 1966.

VISÃO GERAL DO PROCESSO DE CRIAÇÃO LITERÁRIA

claro, não quer dizer negativo, porque o drama é ação e desempenha um papel significativo na economia do sujeito. É esse papel, ou seja, o valor funcional do processo, que tentarei avaliar, tanto quanto seja possível falar de mensuração.

Disse que o processo criador é um drama. Porém, antes de pensar esse drama de um ponto de vista estritamente literário, como se manifesta em particular nas produções e história literárias modernas, gostaria de propor algumas considerações genéricas sobre a noção de representação, noção muito mais ampla que a de drama, mas que ajuda a esclarecer nosso objetivo. A representação, efetivamente, parece-me ser um elemento fundamental da criação artística ou, mais precisamente, da criatividade em geral. Quanto a isso, adotaria de bom grado a fórmula do antropólogo Adolphe Jensen, que escreve: "O homem é por natureza um ser que representa."[4] Fórmula, aliás, bem próxima da ideia expressa por Freud em "Os Dois Princípios do Funcionamento Mental", e maravilhosamente ilustrada na observação do seu neto, que se consola da partida de sua mãe *jogando* com um carretel, e *"encena* essa mesma desaparição e o seu retorno empregando os objetos ao seu alcance".

Não cabe aqui multiplicar as referências a obras como as de Jensen ou de Huizinga[5], que nos mostram como a atividade de representação – isto é, a encenação, a dramatização – está na origem de um largo espectro de fenômenos humanos, que vão do sonho e da fantasia à arte, passando pelos mitos e representações cultuais, pelos jogos – sagrados e profanos – até os jogos de palavras e os trocadilhos. Sobretudo quero lembrar que os fenômenos considerados, a justo título, como fatos criadores, por um lado não visam apenas a representação do mundo exterior objetivo, mas, por outro, tampouco se afastam do real. O que é representado aqui não é nem o agradável, nem o real, mas uma *situação*, digamos *a situação no mundo de um ser desejante* que, por si mesma, constitui uma nova realidade. Como diz Freud, sempre em "Os Dois Princípios do Funcionamento Mental", é a essa nova realidade que se liga o esforço de toda criação, quer ela desemboque num simples jogo ou na obra de arte mais sublime.

4 Cf. A.E. Jensen, *Mythes et cultes chez les peuples primitifs*, Paris: Payot, 1954.
5 J. Huizinga, *Homo ludens*, Paris: Gallimard, 1951; trad. bras. *Homo Ludens: O Jogo Como Elemento da Cultura*, São Paulo: Perspectiva, 2005.

Isso não quer dizer que se deva confundir numa mesma descrição todas as formas de atividade criadora. O jogo sagrado não é um jogo simplesmente, e o trocadilho não é um poema. Pelo contrário, algumas dessas formas de expressão interessam-nos particularmente porque elas portam mais claramente o traço do estado psíquico notável que parece ter presidido seu nascimento e que se designa geralmente pelo termo "inspiração". Em vez desse termo consagrado, eu preferiria "arrebatamento"[6], proposto por Frobenius e que, a meu ver, tem o mérito de restituir ao fenômeno seu caráter de acidente brusco e essencial. Para Frobenius, esse estado de arrebatamento leva a um ato não apenas descritivo, mas organizador, gerador de uma nova ordem que constitui uma aquisição. Trata-se então, em outros termos, de uma experiência mítica do real, que ultrapassa, por assim dizer, a comunicação imediata e silenciosa da realidade objetiva das coisas.

O arrebatamento de Frobenius, como eu o compreendo, corresponde aos estados que definem:

1. Uma modificação da alteridade natural do mundo exterior.
2. A alteração da intimidade silenciosa do eu psicossomático.
3. O sentimento de uma flutuação dos limites que separam essas duas ordens, com uma conotação de estranheza. A essa transformação na relação dos investimentos objetais e narcísicos responde o sentimento experimentado pelo sujeito de uma mudança de sua posição em relação ao mundo, até mesmo de sua própria identidade. O estado de arrebatamento, que lhe é ligado, suscita a consciência de entrar em relação com alguma coisa de essencial e, no entanto, inefável. Na minha intervenção sobre o trabalho de Maurice Bouvet em Roma[7], admitia que, em alguns casos, esse estado, vivido na angústia, pode ser colocado entre os fenômenos de despersonalização; doutra parte, acompanhado de euforia, é sentido como uma experiência exaltante de dilatação onipotente, à qual pode-se ligar o momento inicial da inspiração artística ou mística, ou ainda as experiências de elação descritas

6   O termo em francês é *saisissement*. (N. da T.)
7   M. Bouvet, Dépersonalisation et relation d'objet, *Revue Française de Psychanalyse*, v. XXIV, n. 4-5; e *Oeuvres complètes*, Paris: Payot, 1967. XXI Congrès des Psychanalystes de Langues Romanes (1960).

por Bela Grunberger. De qualquer maneira, em ambos os casos, o instante do arrebatamento parece ser da ordem de uma experiência traumática.

Explico-me. Considero, efetivamente, que enquanto o narcisismo primário reina sozinho, não há nada a colocar em cena, já que tudo se passa, então, aquém do conflito. Somente no momento em que as pulsões se liberam e procuram os objetos, enquanto o mundo exterior começa a ser reconhecido como tal, é que as tensões nascem, engendrando uma situação traumática que o sujeito deverá afrontar. Essa necessidade vital vai conduzi-lo a elaborar a experiência por meio do que lhe é mais imediatamente acessível: uma representação de sua situação que é uma tentativa de síntese, uma busca de unidade. Para conseguir isso, o sujeito recorre espontaneamente à sua lembrança nostálgica da união narcísica perdida, e ele terá tanto mais sucesso quanto for capaz de reencontrar o sentimento primitivamente vivido. Na obra que, eventualmente, resulte de tal representação interior, não é necessariamente o traumatismo que aparece, mas, com frequência, pelo contrário, a união, a reconciliação, a comunhão com o mundo exprimida diretamente numa forma.

Que se passa agora do ponto de vista econômico? Antes do arrebatamento, o estatuto econômico do indivíduo é o de uma energia como que suspendida, circulando livremente num espaço literalmente indefinido. É uma situação fundamentalmente instável, por causa do reencontro natural e inevitável entre maturação biológica e história, que dá lugar a uma série de aparecimentos do real, isto é, a um movimento no qual o real suscita novas exigências pulsionais, enquanto as pulsões, por sua vez, fazem descobrir um novo aspecto da realidade. As pulsões recém-liberadas, não podendo ser imediatamente integradas, a unidade narcísica torna-se mais ou menos gravemente comprometida. Daí o espaço anteriormente indefinido se "detém", diques se levantam e esboroam quase concomitantemente, sem poder impedir a inundação energética que constitui o tempo inicial do arrebatamento. Graças à encenação dramática da situação, que visa restabelecer um novo silêncio funcional, a experiência adquire um valor positivo. Porém, tudo deve recomeçar constantemente: cada etapa do desenvolvimento suscita uma nova experiência de ruptura, em geral menos dramática do que a primeira, a qual não é outra coisa, para certos autores como Otto Rank e Georg Walther Groddeck, do que o traumatismo do nascimento, e permanece, de maneira indelével, inscrita em filigrana na psique do indivíduo, que tenta ao mesmo tempo esquecê-la e recuperá-la.

A representação criadora se exerce assim de maneira contínua, mais frequentemente de maneira silenciosa e automática, numa relação especial com os movimentos pulsionais. Ela procura incessantemente captar um presente, cuja emergência se produz em todos os instantes e, por isso mesmo, constitui uma microexperiência traumática. Essa descrição do atual, que se faz por uma recuperação ativa do passado e realiza a passagem do descontínuo ao contínuo, cria literalmente a realidade, cuja opacidade, de outra forma, seria total, pois se reduziria a um conjunto incoerente de formas abstratas. O "novo romance", que em ao menos uma de suas direções afirma a existência de um olhar inteiramente penetrante sobre uma realidade imediata, de fato recorta, numa experiência vivida normalmente como global, o setor abstrato, que é o único fator que pode fazer viver o retorno do passado.

Evidentemente, a experiência traumática varia em seu conteúdo segundo o desenvolvimento psicossexual do indivíduo. Freud nos fornece um exemplo precoce com o jogo do carretel, que, na minha opinião, não é apenas o resultado da grande maturidade cultural da criança, mas em si mesmo um fator importante de maturação, pois, graças a ele, a criança elabora a experiência traumática e lhe confere uma saída positiva. Num dado momento, essa experiência fundamental encontra sua plena expressão na angústia de castração, que se torna então a experiência crucial e que, segundo o movimento de "projeção para trás" do qual fala Bouvet, adquire o valor de um modelo retroativo de todos os estados traumáticos anteriormente vividos. Paradoxalmente, a castração pode ser vista num certo sentido como uma chance da imaginação humana, porque o falo, enquanto objeto ao mesmo tempo simbólico e estritamente delimitado, não apenas inspira a encenação da ruptura, mas traz à representação um elemento estruturante, que lhe abre novas possibilidades. O horror da devoração e da fragmentação encontra sua expressão mais elaborada no folclore universal onde o ogro é também o pai castrador. Guardando aspectos de sua origem arcaica, ela é temperada, humanizada pela intervenção decisiva do Pequeno Polegar que, continuamente ameaçado e sempre lutando para defender sua integridade, torna-se, no conto, o herói e também o agente organizador do enredo.

Como assinalei, a irrupção do real e a aparição brutal do objeto rompem a paz econômica, ameaçam o estatuto narcísico primário e, também, o silêncio funcional psicossomático. Segue-se uma nova situação, na qual se revela o aspecto mais destruidor das pulsões, com a angústia ligada a isso. É quando a necessidade de elaborar ganha um caráter verdadeiramente urgente. Enfrentar o perigo interno de ser radicalmente submerso pela soma de excitações implicadas; viver a intensificação das pulsões destrutivas; depois, renunciar à necessidade de destruir o objeto; esse programa só pode ser realizado economicamente por uma encenação da situação que, ao projetar imagens e formas ligadas entre elas numa ordem significativa, absorve, liga e integra as tensões, de tal maneira que a fantasia não é apenas uma experiência passivamente sofrida, mas adquire até um certo ponto a eficácia de um ato. Encenação e ordenação que poderiam referir-se à tentativa de controle da angústia ligada às pulsões mais primitivas, no que Michel Fain e Christian David veem uma das duas funções do processo primário[8].

Assim, o mundo exterior, que pela sua simples afirmação exigente colabora de alguma maneira com o mundo pulsional para arrancar o indivíduo à sua organização narcísica e concorre à liberação das pulsões destrutivas, vê-se por sua vez ameaçado pelo ser que, querendo escapar à autodestruição, começa por dirigir para o exterior suas forças de agressão. Nada surpreendente se a descrição desse estado de coisas, quer se encontre em obras literárias evoluídas ou em nossos trabalhos psicanalíticos, tome de imediato um colorido extremamente dramático. O conteúdo do drama, efetivamente, é o caos, mas desde o momento em que ele se traduz por representações, fantasias, sejam elas as mais terríveis ou primitivas, ganha uma orientação, um valor que já constituem um começo de organização, de maneira que,

---

8  M. Fain; C. David, Aspects fonctionnels de la vie onirique, *Revue Française de Psychanalyse*, v. XXVII, 1963, número especial. XXIII Congrès des Psychanalystes de Langues Romanes.

apesar da discordância de seus temas, torna-se criação. Sabemos que, num estado posterior de seu desenvolvimento, o indivíduo é ajudado, na tentativa de organização da sua vida pulsional, pela edificação do superego que, mesmo que participe de uma introjeção da agressão, faz parte também do processo criador da imaginação. Contudo, qualquer que seja o valor dessa personificação superegoica, é de sua natureza desempenhar seu papel apenas num campo fechado e, muito facilmente, de maneira paralisante ou castradora; ao passo que a via das realizações sublimatórias está permanentemente aberta para o mundo, de tal maneira que o indivíduo, que em realidade só trabalha para ele, oferece ao mundo exterior um produto próprio não somente para lhe dar prazer, mas ainda para protegê-lo. Afinal, o movimento mais egoísta desemboca num dom, no amor, por consequência, que é assim reencontrado numa encenação do ódio. Desse ódio sempre indeciso quanto à sua orientação – pronto a dirigir-se para o exterior ou a retornar contra o próprio sujeito e, assim, frequentemente, próximo do crime –, a obra verdadeira guarda sempre a marca, mesmo nos seus aspectos mais deliberadamente reconciliados. A propósito, a história literária poderia de fato retomar por sua conta o que diz Freud numa carta a Pfister: "Não se pode fazer nada de verdadeiro sem se ser um pouco criminoso."[9] Efetivamente, apesar das reservas que fazia há pouco, a psicanálise pode talvez trazer uma contribuição à estética. O belo não é, afinal, o verdadeiro, um verdadeiro que sofreu uma radical metamorfose, na qual transparece ainda o caos e todos os conflitos selvagens sobre os quais a ordem foi conquistada? Se fosse assim, compreender-se-ia que o horror das lutas arcaicas pôde engendrar a beleza fascinante da cabeça de Medusa[10].

Não se pode fazer nada verdadeiro sem ser um pouco criminoso – dito de outra maneira, sem se sentir culpado. Tocamos aqui o dilaceramento tão frequente nos artistas entre a lei do superego e a exigência de verdade estética, sem o que a obra é tão somente uma morna produção do conformismo. A história literária é plena de exemplos desse conflito que, nos casos graves, necessariamente para nós os mais significativos, pode

---

9   S. Freud; O. Pfister, carta de 5 de outubro de 1910, op. cit.
10  S. Freud, manuscrito datado de 14 de maio de 1922, *Gesammelte Werke*, v. 17, Frankfurt: S. Fischer.

VISÃO GERAL DO PROCESSO DE CRIAÇÃO LITERÁRIA

comprometer com maior ou menor durabilidade o êxito da obra, ou mesmo a vida do escritor. Citarei apenas Gogol que, sob a pressão quotidiana de um confessor fanático, procurou em vão redimir com uma obra edificante o diabolismo da primeira parte de *Almas Mortas*. Nesse caso verdadeiramente extremo, o superego religioso não conseguiu modificar a verdadeira natureza da obra: Gogol, perfeitamente consciente da nulidade literária de seu trabalho, mas incapaz de vencer seus escrúpulos, terminou por jogar seu manuscrito no fogo e mergulhar no desespero.

Sabemos que na história, com frequência, a luta do artista por sua obra foi nada menos que uma luta pela vida. Compreendemos: nascida de fatores complexos, em que a nostalgia do paraíso narcísico perdido encontra-se ao lado das exigências discordantes das pulsões, a obra, produto de uma elaboração sintética, objeto acabado, completo, dotado de eficiência, portanto potente, é representada no inconsciente pelo falo, que é, segundo Grunberger, o emblema e a imagem da integridade narcísica. Comprovamos que é precisamente assim em todos os casos de inacabamento, de fragmentação ou de interrupção, que assinalam um fracasso ou uma insuficiência do papel funcional da obra. Talvez exista um elo entre as formas mais ou menos bastardas de fracasso literário que podem, eventualmente, dar lugar a grandes obras e às evoluções mórbidas orgânicas, que se encontram tão frequentemente nas biografias.

Chego aqui ao problema da função da atividade criadora, problema que Jeanine Chasseguet tratou recentemente, distinguindo duas ordens de atos criadores: a que visa a reparação do objeto ou aquela que visa a do sujeito[11]. Por mim, tenderia a pensar que o ato criador, que participa da edificação do sujeito, acaba, em última análise, por proteger igualmente o objeto. Poderia tal ato reparar de fato um abalo maciço e precoce das bases narcísicas? A questão é difícil e nos conduz imediatamente ao terreno da patologia, ao domínio de certas psicoses e doenças psicossomáticas. Que se passa no domínio das doenças psicossomáticas graves, doenças que, noto de passagem, parecem, à primeira vista, interessar unicamente ao interno de plantão e cujo modelo é para nós a retocolite hemorrágica? Os trabalhos que conduzimos,

---

11 J. Chasseguet-Smirgel, Réflexions sur le concept de "réparation" et hiérarchie des actes créateurs, *Revue Française de Psychanalyse*, v. XXIX, n. 1, 1965.

Pierre Marty, Michel Fain, Christian David e os meus próprios, nos mostraram que a atividade de representação nessas afecções oferece traços específicos, que vou tentar ilustrar fazendo um paralelo com um caso neurótico.

No momento em que inicia o tratamento, Louise é uma jovem de dezoito anos, portadora de uma retocolite hemorrágica bastante grave, com lesões em toda a extensão do cólon, chegando mesmo ao intestino delgado e associadas a alterações endócrinas maciças, representando uma ameaça vital imediata e tendo justificado uma longa hospitalização. Alguns anos antes, Louise havia mostrado um certo gosto pelo desenho, sem, contudo, beneficiar-se disso. As decepções banais de ordem afetiva, mas vividas inconscientemente como feridas narcísicas, fazem com que ela renuncie bruscamente a esse começo de atividade artística. Em vez de desenhar, ela se dedica a uma atividade puramente motora, que, sob certos aspectos, tem o valor de uma regressão tópica: a equitação. Ela monta a cavalo, mas sem uma participação importante da imaginação. Rebaixa-se a um nível motor, então, em que se limita a encadear gestos, experimentando algum contentamento, o que é, apesar do caráter mecânico de sua ação, a melhor figuração da qual é capaz naquele momento. A retocolite hemorrágica aparece clinicamente durante esse período, após uma ruptura sentimental mais grave. Nessa jovem, ameaçada de colectomia total com ânus ilíaco definitivo, a psicoterapia tomou, no início, o caráter de um tratamento anaclítico, sobre o qual não me deterei, sublinhando a segunda fase, que eu diria pedagógica. Efetivamente, durante dois anos a psicoterapia teve por objetivo essencial desenvolver paulatinamente, de maneira sistemática, as atividades de representação, em que o desenho havia sido um tímido ensaio. O segundo período começou por um sonho – o primeiro que Louise foi capaz de me contar, bem característico dos pacientes psicossomáticos –, no qual via-se sozinha diante de uma folha em branco. Embora as trocas verbais permanecessem bastante limitadas, ela começou a desenhar cavalos, bem toscos, já que era incapaz de reproduzir os cascos e as pernas. Os cavalos a representam duplamente; são ela mesma, pois aparecem, por exemplo, com uma crina parecida com seus próprios cabelos, e, ao mesmo tempo, ilustram o desenvolvimento e os acidentes de sua recuperação, em especial as supurações difusas que afetam seus membros inferiores. Cada desenho representa uma complicação e um enriquecimento em relação ao precedente. Valorizado pela minha atenção, o desenho é para Louise um fator de recuperação narcísica, fator essencial se admitimos, de acordo com Victor Tausk[12], a estrita dependência do narcisismo orgânico ao narcisismo psíquico. Atualmente, após três anos e meio de tratamento, pode-se dizer que as atividades de representação desenvolveram-se de maneira contínua até mesmo no domínio da fantasia. Louise prepara-se para a Escola de Belas Artes e o magistério do desenho; ela inclusive se dedica mesmo à escultura. Entre suas composições, algumas comportam ainda cavalos, que são agora bem-acabados e, por vezes, mesmo dotados de cavaleiros. O essencial, nesse caso, foi uma longa e extremamente lenta evolução em direção a uma atividade de representação economicamente válida, atividade cuja plenitude deve desempenhar, a meu ver, um papel importante na prevenção das recaídas. Esse papel foi claro no caso de Louise, no entanto, a recuperação anatômica está longe de terminar. Ela entra agora, e somente agora, numa fase em que a psicoterapia pode, enfim, adquirir um estilo psicanalítico. Não é mesmo impossível que ela possa, no futuro, assumir uma psicanálise clássica.

O caso de Louise, cuja atividade de fantasia se desenvolveu de maneira lenta, trabalhosa, sempre precária e exigindo medidas técnicas particulares, constitui o mais violento contraste com o caso de uma fóbica que, numa única sessão, mobiliza suas fantasias instantaneamente, por assim dizer, numa encenação de sua situação.

Jeanne, que publicou dois romances no decurso de sua análise, sendo que antes não tinha nem mesmo ideia de escrever, reprimia, depois de algum tempo, uma agressividade aparentemente desencadeada pela minha firmeza sobre uma questão de disciplina na análise. Ela se deita no divã e declara, após um silêncio: "Apesar de ter vindo para cá sem hostilidade, nem inveja, nem falta de vontade, no momento em que o senhor abriu a porta, pensei: 'e dizer que ainda vou me encher o saco com esse cara'". Depois de um momento de silêncio, acrescenta: "tenho a impressão de que o senhor acabou de comer alguma coisa... Sim,

---

12  V. Tausk, *De la genèse de "l'appareil à influencer" au cours de la schizophrénie*, *La Psychanalyse*, t. IV, retomado em *Oeuvres*, Paris: Payot, 1974.

eu gostaria de ter uma intimidade literalmente vegetativa com o senhor, estar no senhor, comer com o senhor. Mas isso não é suficiente, sim, comer com sua boca, é isso". Outro silêncio, e ela prossegue espontaneamente:

Isso me faz pensar no livro que estou escrevendo. A mulher sou eu, estaria encostada numa árvore. Penetro literalmente a árvore e sou o tronco e os galhos. Não, não é para machucar, mas para me deixar dirigir pelo vento, receber o sol, ser assimilada... Isso me evoca a situação vegetativa, a maior confusão: estar no ventre da mãe.

Mais para o final da sessão, ela retorna ao que chamou de confusão vegetativa e diz: "É algo de mais profundo que compartilhar, ir ao banheiro juntos. Não, isso só se pode fazer com um homem; no interior de uma mulher é sujo; a mulher se abaixa para urinar, ela é nojenta... salvo, talvez, comer pela boca..."

Não analisarei todo o conteúdo dessa sequência, cujo estilo é encontrado com frequência. Limitar-me-ei a sublinhar a faculdade admirável de Jeanne de tratar um conflito pela representação imediata de seus dados. A confrontação súbita com o objeto, ao romper uma espécie de devaneio narcísico, cujo aspecto defensivo é evidente, faz surgir toda a agressividade de Jeanne, que de imediato lhe dá forma num modo anal. Segue-se logo um movimento regressivo ao nível oral, enquanto se inicia uma tentativa de reconciliação (confundir-se com a árvore, receber o sol etc.). O objeto começa a ser protegido e o sujeito restaura-se graças a essa representação dinâmica que de fato foi, no romance, o objeto de uma nova elaboração, na qual o movimento fusional – a fusão com a árvore – recoloca a heroína no caminho da vida. No último momento da sequência, contudo, a fantasia de fusão não é solução durável, exige novas formas de figuração, em que cada uma representa uma tentativa de controle e de progressão.

Meus colegas na pesquisa da psicossomática e eu, através de nossos trabalhos clínicos e teóricos, pudemos convencer-nos da extrema importância desse processo, pois quando é incompleto, ou funcionalmente ineficiente, segue-se uma sobrecarga de algum sistema funcional por energias, não se podendo mais distinguir os valores libidinais dos valores agressivos, como afirmou Fain.

◆ ◆ ◆

VISÃO GERAL DO PROCESSO DE CRIAÇÃO LITERÁRIA 15

Falei até agora de representações, de dramatização, de atividade da fantasia, em outros termos, da criatividade em geral, mas não abordei a criação literária propriamente dita, que só existe pela passagem a um ato particular: o ato de escrever. O que torna esse ato necessário, por que e como torna-se para alguns uma necessidade, até mesmo uma exigência vital, enquanto tantos outros contentam-se com seus devaneios, sem procurar oferecer aos outros o seu produto? Vou tratar de responder a essas questões – não sem recorrer por vezes a hipóteses, retomando o meu ponto de vista que é funcional.

A maneira como formulei minha primeira questão indica uma possível resposta: se alguns indivíduos devem recorrer a uma operação suplementar para resolver uma das situações traumáticas que evoquei, deve-se supor que são conduzidos por um defeito no seu sistema de elaboração, ou seja, paradoxalmente, por um fracasso relativo de sua vida imaginária. Tudo se passa como se o artista em potencial, que é justamente capaz de uma fantasia particularmente bem desenvolvida e, em princípio, sempre disponível, não fosse capaz, no entanto, de servir-se dela eficazmente para assegurar a integração de suas tensões e de seus conflitos. Dito de outro modo, seu esforço fracassa em parte porque, na situação crítica em que se encontra, reage por uma proliferação de imagens que o invadem e podem até submergi-lo. Em vez de restabelecer, como procurava fazer, sua integridade narcísica, essa proliferação de fantasias faz com que caia numa nova situação traumática, situação de impotência que ele vive evidentemente como uma castração. Daí a necessidade de uma nova operação, que vai mobilizar de uma maneira completamente diferente as forças do imaginário.

O artista se vê, assim, ameaçado pelo sistema que, precisamente, deveria protegê-lo. Isso não tem nada de surpreendente se admitirmos, de acordo com Freud, que ele é provavelmente dotado de uma constituição instintiva anormalmente forte e que, por consequência, seus sistemas de adaptação estão em constante risco de fracassar, de tal maneira está exposto mais do que ninguém às situações conflitivas. Compreendemos então que a proliferação das imagens interiores não possa ser dominada apenas pelo jogo de uma elaboração autárquica, o que redundaria numa forma de alienação. O artista, pelo contrário, é conduzido a voltar-se aos outros, diante dos quais descreve sua situação interior e encontra nisso uma confirmação de sua existência. O paradoxo da criação, e em particular da criação literária – calcada na exploração da linguagem comum e comportando necessariamente um diálogo –, é que o negativo, nesse caso, deve tornar-se o próprio meio de uma afirmação positiva. Castrado, solitário, agressivo, o escritor é ao mesmo tempo onipotente, consegue se impor e eventualmente tornar sua descrição cativante.

Tocamos assim numa dificuldade essencial que toda vocação literária tem de resolver de alguma maneira: efetivamente, o escritor escreve para exprimir-se, mas só é capaz de fazê-lo se sua expressão conseguir ser recebida como prova de sua existência, dito de outra maneira, se for capaz de agradar. Eis aí, então, em princípio, uma situação bastante conflitiva, já que exprimir-se é modificar forçosamente as relações existentes até então entre o mundo e o sujeito, é atacar e até certo ponto anular os outros. Mas, nessas condições, como obter deles reconhecimento e amor? Sabemos que a criança encontra de forma precoce esse obstáculo: para agradar seus pais, para seduzi-los e não perder seu amor, é naturalmente levada a falsificar a expressão de si mesma, desde que esta seja oferecida como dom. Poderia citar o caso de uma criança que conheço bem, uma menina de oito anos, extremamente dotada e duma inteligência bem acima de sua idade, que produz há bastante tempo pequenos poemas e contos. Essa menina, cuja organização fóbica é evidente, deve confrontar-se constantemente com uma produção de fantasias aterrorizantes. Por volta de seus quatro ou cinco anos, inventou uma personagem imaginária – o senhor Falbert – cujas aventuras ela contava para sua irmã mais velha e seus pais. Essas aventuras traziam o traço das experiências em fantasia da criança, mas tendiam para o cômico ou o burlesco. A menina queria fazer rir ou agradar. Mais tarde, quando começou a escrever, sempre visando seus parentes próximos, o conteúdo de seus relatos mudou bastante, como se o fato de colocar as coisas no papel implicasse uma escolha tendenciosa entre os diversos temas da experiência vivida. Com frequência, era eliminado o que pudesse chocar ou desagradar, a favor de temas poéticos ou humorísticos capazes de proporcionar-lhe admiração e estima dos seus. Através dessa capacidade de escolha, a menina já se encontrava implicada completamente na

VISÃO GERAL DO PROCESSO DE CRIAÇÃO LITERÁRIA 17

rota da estética, e não seria impossível que fosse um indício de verdadeira vocação. Porém, tendo apostado mais na sedução do que na fidelidade a si mesma, não era sempre, em seus pequenos poemas, que ela se exprimia com mais sinceridade. Um de meus pacientes – escritor e que sofre de uma grave inibição – compreendeu perfeitamente a que ponto sua fixação a essa situação infantil tinha um efeito esterilizante sobre sua atividade literária. Disse-me:

O que é que me impede de exprimir-me e de agir? Observo que sempre me ensinaram a agir não para expressar-me, mas para agradar, agradar aos que me rodeavam e me comandavam. Se considero essa ação específica que é a escritura, estimulada desde sempre pela minha mãe, escrevi não pelo meu prazer, mas para agradá-la. O cuidado da escritura, considerada como expressão de mim mesmo, apareceu mais tarde, quando foram esgotadas as ocasiões de agradar alguém ao escrever. Foi nesse momento que as dificuldades começaram.

Se o paciente não tivesse tomado consciência do dilema, teria provavelmente continuado a escrever coisas agradáveis e insignificantes, como tantos que todos os dias alimentam a produção comum. Por ora, é evidente que está paralisado, mas ao mesmo tempo entrevê uma possibilidade de liberar seus dons.

Parece que meu paciente observou corretamente um conflito fundamental que poderia ser definido como sendo, de maneira geral, o conflito entre o narcisismo e as exigências pulsionais. Claro, as coisas são muito mais complicadas pelo fato de que "agradar" e "dar prazer" pertencem a dois mundos diferentes, um procurando satisfação narcísica, o outro um elã objetal, já que "expressar-se" coloca em jogo concomitantemente as pulsões agressivas e o estatuto narcísico do sujeito. Pode-se considerar que essa situação possa tornar-se dolorosa e mesmo parecer insolúvel desde que se torne um dilema: porque expressar-se sem agradar expõe o escritor a ser remetido à sua solidão e impotência, isto é, remetido à sua castração, mas, de outra parte, agradar sem expressar-se, isto é, renunciar à sua verdade em nome de uma satisfação narcísica imediata, é infligir-se seguramente uma ferida narcísica ainda mais profunda, pois ela toca as próprias raízes do ser.

Todo escritor vê-se assim colocado diante de uma escolha impossível; resta agora saber como, no melhor dos casos, pode sair dessa eventualidade.

Evidente que a solução só pode ser efetuada por uma operação psíquica capaz de conciliar os objetivos contraditórios que o ato de escrever, por sua natureza, persegue sempre simultaneamente. Porque se escreve sempre para alguém, a favor ou contra alguém, que pode ficar em completo silêncio, mas cuja opinião implícita é da maior importância. Todo o problema consiste, portanto, já que tal personagem é inconcebível na realidade, em criar uma figura interior com quem e sobre quem o jogo de todas as tendências contraditórias seja possível. Esse outro anônimo, a quem de alguma maneira dedica-se à obra no momento em que ela é concebida, não se confunde em hipótese nenhuma com o público real que a obra realizada deve, em princípio, afrontar cedo ou tarde. Mas não é tampouco o pai real, se bem que provenha necessariamente de uma imagem parental introjetada, pois os pais são normalmente o primeiro público, por assim dizer, os primeiros destinatários da criança. Assinalo de passagem que em certos poetas, mais que nos romancistas, essa figura interna parece marcada por traços fortemente maternais. Seria interessante examinar as consequências dessa particularidade sobre o próprio desenvolvimento de sua obra. Tenderia a acreditar, baseado em certos casos clínicos, em especial o que citei há pouco, que a fusão do público interno com uma imagem materna é, para a atividade criadora, cheia de complicações. Na minha opinião, trata-se nesses casos de uma espécie de fixação, de uma parada no longo movimento identificatório, a partir do qual pode-se tentar representar a elaboração da personagem interna e suas diversas encarnações. Não tenho a intenção de avançar muito no problema das identificações, que foi tratado de maneira aprofundada por Pierre Luquet[13]. Estou seguro de que seu trabalho forneceria uma excelente base de partida para um estudo mais detalhado do problema específico que apresento aqui. Parece-me provável que lidemos aqui com um jogo constante de identificações muito primitivas, concebíveis sob a forma de impregnações fusionais felizes, capazes de conferir à personagem um caráter de receptividade total, acolhendo, sem condições, tanto as pulsões mais violentas quanto as manifestações mais extremas de autoafirmação.

---

13 Les Identifications précoces dans la struturation et la restructuration du Moi, *Revue Française de Psychanalyse*, v. XXVI, 1962, número especial.

VISÃO GERAL DO PROCESSO DE CRIAÇÃO LITERÁRIA

Contudo, não creio que essa forma de identificação seja suficiente para a edificação completa da personagem. O movimento me parece destinado a desenvolver-se – tudo se passando como se uma verdadeira experiência de maturação estivesse condensada e fosse retomada nessa ocasião – para chegar enfim a uma identificação de natureza homossexual. O caráter diferenciado das qualidades e funções da personagem permite-nos supor que resulte também de uma incorporação anal, tal como descrita por Pierre Marty e Michel Fain[14]. Pode-se reconhecer ainda o papel da analidade nas operações de captação e de modelagem que a personagem deve necessariamente sofrer para adquirir uma forma e limites precisos. É possível que nesse momento inicial da criação, as primeiras impregnações fusionais felizes sejam aquilo que permite a essas operações se realizarem, sem que seja alterada a qualidade fundamentalmente acolhedora da personagem, embora remodelada e recriada incessantemente. Assim, tudo o que não se pode infligir ao público real fica liberado, sem que o controle anal exercido sobre ele ameace destruí-lo. Quando a operação é perfeitamente bem-sucedida, o escritor encontra-se capacitado para manter com esse pai interno relações extremamente complexas, mas flexíveis e móveis, que vão influir no processo propriamente dito de criação.

Assim, o autor constitui em si um bom objeto sobre o qual pode dirigir suas pulsões com total segurança, já que não corre o risco nem de destruir a personagem nem de atrair represálias. Ele é o pai desse outro que nasce, indubitavelmente, de qualidades projetadas de início sobre o pai real e que, sendo necessário à gênese da obra, desempenha simbolicamente o papel do genitor. A obra é a criança que lhe é devida, que lhe é dedicada e que, ao mesmo tempo, serve para demonstrar-lhe do que se é capaz, enquanto lhe é pedida a confirmação incondicional, que garante de antemão a legitimidade do trabalho. Personagem por definição plástica, o destinatário da obra é suscetível de formas diversas e o escritor dispõe dele num campo de ação bastante extenso. Infalivelmente, ele vem a se confundir, por um de seus aspectos, com a figura de um ou vários modelos espirituais, que representam e estimulam as exigências estéticas do sujeito culturalmente

---

14 Aspects fonctionnels et rôle de l'investissement homossexuel au cours des traitements psychanalytiques d'adultes, *Revue Française de Psychanalyse*, v. XXIII, n. 5.

evoluído. Nesse aspecto, ele assume o papel de mediador, que Gérard Mendel lhe reconheceu de modo pertinente, com tudo o que isso implica em sentimentos de veneração e rivalidade. Mas, por um derradeiro paradoxo, o jogo contínuo das projeções e das identificações faz dele também o *alter ego* do autor que procura, por esse desvio, restaurar sua integridade narcísica. Essa última metamorfose da personagem – em princípio objeto de moções pulsionais desviadas de seu objeto real, depois imagem, ou mesmo o duplo do seu criador – poderia nos levar a conceber a mudança da libido objetal em libido narcísica, portanto, a constituição de uma reserva de energia neutra, que Freud considerava como decisiva de todo processo de sublimação. Essa reserva de energia neutra, situada, segundo Freud, no ego ou no id, parece-me contribuir essencialmente ao sentimento de plenitude, de força imediatamente disponível que caracteriza a completude narcísica. Lendo as reflexões de Paul Claudel sobre a poesia, em especial a seguinte frase, "antes da palavra, uma certa intensidade, qualidade e proporção de tensão espiritual"[15], perguntei-me se o poeta não teria tido uma experiência direta dos efeitos dessa neutralização.

O público interno, que é o mediador, o destinatário e de certa maneira o genitor da obra, é dotado de uma realidade psíquica, que nos aparece sobretudo nas perturbações que provoca, a partir do instante em que ele não preenche exatamente todos os seus papéis. Com efeito, sua própria existência pode ser facilmente a origem de uma culpabilidade inconsciente, porque pressupõe um desinvestimento do mundo exterior, que ela anula ao menos momentaneamente; além do mais, o novo pai que o escritor se dá implica numa eliminação do pai real, que, de maneira inconsciente, só pode ser sentida como um assassinato. O escritor deve assim começar por admitir uma usurpação megalomaníaca do poder, cujo primeiro efeito é um ato destrutivo.

De fato, a personagem criada em tais condições não deixa de ser problemática. De qualquer maneira, é atacada, procura-se suplantá-la ou superá-la, enquanto se pede a ela ajuda, e não apenas é reduzida à impotência, fixando-lhe um modo de ser, mas também o autor vive nela como um parasita, dito de outro modo, a personagem é castrada de todas as maneiras, mas, por isso,

---

15 *Réflexions sur la poésie*, Paris: Gallimard, 1963. (Col. Idées.)

VISÃO GERAL DO PROCESSO DE CRIAÇÃO LITERÁRIA    21

corre-se o risco, precisamente, de desvalorizá-la e de privar-se do benefício que se esperava dela. Pode-se imaginar que quando a personagem interna se assemelha demasiadamente ao pai real, ou se tem muitos traços em comum com um público determinado, ela se torna facilmente conflitual e, em vez de estimular a atividade criadora, paralisa-a de maneira mais ou menos grave e durável. Porém, fugir do pai de carne e osso para voltar-se a um modelo espiritual, que procede necessariamente de uma imagem paternal, mesmo sendo seu oposto, não é tampouco uma solução repousante, pois a devoção a um modelo toca bem de perto a devoração, e a imitação da qual ele é o objeto é continuamente ameaçada de cair no plágio. Parasita, mentiroso, traidor de seus afetos, imitador, o escritor não o é apenas de maneira simbólica, já que se nutre realmente dos outros; afirma enganosamente sua originalidade e, queira ou não, procura vencer aqueles que venera. A maneira com que ele forja seu estilo poderia muito bem ser apenas um meio original de sair desse desconforto.

Os diversos acidentes e inibições devidos aos avatares dessas relações, mas também os dispositivos literários aos quais eles obrigam a recorrer, nos sugerem que, se a personagem interna não se confunde nem com o superego, nem com o Ideal do ego, participa, contudo, dos dois, e que o sucesso do empreendimento literário depende em grande parte da repartição de seus traços.

Poder-se-ia estudar desse ponto de vista uma grande parte das perturbações da criação literária, mas isso seria um vasto tema que eu me limitarei a mencionar. Assim, numerosas inibições poderiam ser referidas a um caráter superegoico demasiado acentuado de nosso público fictício, que exerce prematuramente uma censura e, ao invés de liberar a espontaneidade, se torna imediatamente fonte de angústia. Em contraposição, uma personagem interna inteiramente narcísica, convidando à autocomplacência e à ausência de crítica, daria lugar a uma literatura sem regra nem freio, próxima da patologia, onde a obra seria mais uma transposição direta das fantasias do que a história das tensões suscitadas pela sua proliferação. A história literária oferece-nos exemplos eloquentes de uma terceira perturbação possível, nascida de um conflito entre a parte superegoica da personagem e o Ideal do ego. Em princípio, esse conflito pode ser resolvido por um bom compromisso: a submissão a uma exigência de perfeição absoluta capaz de levar o superego a uma negociação, até mesmo enganá-lo suficientemente para que atenue sua dominação. Mas, como André Green[16] indicou com pertinência, essa via é ainda perigosa, pois a obra carrega sempre o traço das verdades proibidas e, além do mais, permanece ligada a uma afirmação narcísica; também para purificar-se, corre o risco de tender a uma perfeição cada vez mais inacessível, a distância aumentando entre o que ela é e o que deveria ser para fazer-se perdoar, de tal maneira que, sem se reconciliar com seu superego, o autor decepciona seu Ideal do ego e se vê, assim, ameaçado na sua integridade narcísica. O superego puniu o sujeito através do Ideal do ego. A obra a fazer tornou-se em si mesma um absoluto, e o trabalho, para o escritor, o castigo de uma justiça imanente. Todos os obcecados por uma perfeição formal, como Flaubert, para citar apenas um exemplo ilustre, incluem-se evidentemente nessa categoria.

Um caso grave parece ser aquele no qual a personagem interna é demasiado fraca, bem pouco convincente para ser ao mesmo tempo o inspirador e o destinatário da obra e, por essa razão, o autor busca desesperadamente no exterior o que não consegue formar em si mesmo: uma figura admirável que lhe retribua sua admiração, um guia digno de confiança e sempre capaz de acolher, um representante flexível e seguro da norma estética. O paciente que mencionei há pouco me disse certa vez: "poderia escrever agora para alguém que me pedisse, mas que admirasse verdadeiramente, que me fosse superior e que, no entanto, me desse sua estima". Se confio na minha experiência pessoal, parece-me que uma personagem interna claramente superegoica, ou, pelo contrário, demasiado frágil, encontra-se na origem das principais dificuldades que levam os artistas ao tratamento.

Suponho que, como me esforcei para descrever, minha personagem interna sugeriu uma analogia profunda com a figura do analista. Como o analista, deve ser neutra e benevolente, prestar-se a todas as metamorfoses, ser bastante sólida para suportar todos os ataques. Quando assume perfeitamente suas múltiplas funções, a obra se faz através de uma descoberta de si mesmo, que pode ser comparada, até certo ponto, com uma autoanálise.

16 Une Variante de la position phallique-narcissique, *Revue Française de Psychanalyse*, v. XXVII, n. 1.

Essa analogia é nossa chance no tratamento das perturbações mais frequentes da atividade criadora: no tratamento, com efeito, a personagem interna é substituída pela pessoa do analista, que desempenha momentaneamente seu papel até que adquira a força e a plasticidade necessárias para sua eficácia.

Seria, sem dúvida, temerário evocar aqui a autoanálise de Freud; mas quando pensamos no desespero e nas dúvidas nas quais esse processo começou, se admitimos também que na época de *A Interpretação dos Sonhos* a obra de Freud tinha certa relação com a obra literária, podemos imaginar que a pessoa de Fliess foi um prolongamento, até mesmo um substituto real da personagem interna, talvez demasiado frágil então para a audácia do projeto. Se assim for, veríamos uma razão suplementar para a ambiguidade e a ambivalência das relações entre os dois homens. E compreenderíamos que Freud tenha sofrido tanto ao perder aquele que chamava seu "único público".

◆ ◆ ◆

A composição da obra propriamente dita é o segundo momento da criação, aquele que apresenta os frutos visíveis e cuja psicologia é melhor conhecida. Foi comparado ao sonho e ao sonho acordado, sublinhando-se o movimento regressivo que o torna possível. Para mim, no entanto, a obra não resulta simplesmente da transposição de uma cena infantil procurando representar-se, porém da repetição, a favor de um acontecimento atual dotado de certa intensidade, da operação funcional, que no passado permitiu a elaboração de uma situação traumática. De qualquer maneira, a atividade criadora cede à atração do passado, seguindo um caminho regressivo em direção aos dados perceptivos iniciais, que uma vez reencontrados conferem à obra sua sensibilidade própria. Trata-se de uma regressão temporal, tal como foi admitido por diversos autores e principalmente por Francis Pasche, mas que, na minha opinião, autoriza um ponto de vista tópico, pois implica num investimento dos sistemas sensoriais. Regressão em parte patológica e, no entanto, normal, graças à permeabilidade particular entre os sistemas Cs., Pcs., Ics. (consciência, pré-consciente, inconsciente), que caracteriza a vida psíquica do artista e mesmo do criador em geral, se admitirmos que as ideias abstratas podem também seguir esse caminho e receber do inconsciente a sua força viva. Essa regressão fecunda pode não se produzir nas obras artísticas de segunda classe e, em contrapartida, dar a uma obra puramente discursiva algo do poder da poesia.

Em suma, poderíamos descobrir na obra três elementos: um, que seria oriundo da regressão tendo transformado os pensamentos em imagens; outro, que representaria a nova situação na qual essa regressão colocou o sujeito; o terceiro, enfim, que traduziria um novo movimento progressivo em direção ao mundo exterior. Reencontramos aí a realização de um desejo infantil, a necessidade vital de uma representação elaboradora e o retorno final aos objetos reais, que estreitamente imbricados operam essa síntese mencionada por Fain em sua intervenção sobre o trabalho de Mendel[17], que sublinha a harmonização das relações entre processo primário e secundário.

Faltaria detalhar a utilização original dos mecanismos de identificação e de projeção que se faz no próprio trabalho. O que ocorre com os objetos exteriores enquanto material da representação? Seguramente não desaparecem de maneira propriamente dita, mas tudo se passa como se recuassem, deixassem o centro para o fundo da cena. Vimos, além disso, que se prestam a outro tipo de investimento, sendo esse de valor narcísico, pois suas características individuais atenuam-se o bastante para serem reconhecidas pelo artista como lhe pertencendo, de tal modo que se cindem em duas partes, uma parte guardando certo valor objetal referencial, sempre prestes a retornar ao centro da cena, enquanto a outra torna-se o suporte de todas as projeções. Poderíamos evocar, a propósito, as ideias de Andrew Petö sobre o desenvolvimento especial de uma função fragmentante do ego no processo de sublimação[18].

O mundo, enquanto tal, é assim parcialmente desinvestido, enquanto o sujeito torna-se parcialmente estranho a si mesmo. Daí uma modificação dos limites do ego, um sentimento de estranheza, que podem ser vividos com graus de intensidade variáveis, mas que, sentidos como uma modificação fugidia e controlável,

---

17 Ibidem.
18 The Fragmentizing Function of the Ego in the Analytic Session, *International Journal of Psychoanalysis*, 1963, v. 44, parte 3.

ou como um estado excepcional de clarividência, resultam, na minha opinião, em despersonalização. O artista, em suma, é, mais do que qualquer outro, exposto a situações extremas que não são desprovidas de perigo. Contudo, por um lado, o mediador que criou em si mesmo, e que num certo sentido continua representando a realidade, impede-o de se perder. E, por outro lado, a amplitude dos mecanismos arcaicos utilizados na manipulação do material reduz-se progressivamente sob a influência do trabalho de elaboração literária propriamente dita. Trabalho sobre as proposições e sobre as palavras que constitui uma referência constante – ainda que implícita – a um passado, a uma história próprios capazes de garantir a permanência do elo objetal. Assim, entre uma realidade exterior momentaneamente alterada e um sujeito cuja identidade foi colocada em questão, edifica-se um novo objeto, a obra, que decorre de um e de outro, ao mesmo tempo representando um momento de suas relações recíprocas. A obra acabada, doravante relativamente independente tanto em relação ao mundo quanto em relação ao seu próprio criador, constitui uma nova realidade, graças à qual o autor se recobra integralmente enquanto o mundo retoma para ele sua estabilidade.

Oferecida dessa vez ao verdadeiro público e não mais ao público interno do qual o autor deve agora separar-se, a obra tornou-se um fato social porque se endereça agora aos irmãos, que vão dela tirar benefício sem terem eles próprios de se fatigarem. Mas parece que, simultaneamente, ela perde seu valor funcional, de tal modo que sua ação termina com a última palavra. Mais ainda, a obra que fica para trás pode criar uma nova situação traumática, em virtude do princípio proposto por Freud em que "depois da sublimação, os componentes eróticos não têm mais a força de ligar toda a destruição aí presente, de tal maneira que esta se libera sob a forma de tendências à destruição e à agressão". Eis a razão pela qual nenhum escritor pode se contentar com uma obra só, por mais grandiosa ou total que seja, e eis por que para ele tudo precisa sempre recomeçar.

◆ ◆ ◆

Temo que pareça longo o percurso que leva do arrebatamento original, que tratei de descrever, ao objeto acabado, que é a obra, com sua propriedade especial de representar ao mesmo tempo a vida interior mais íntima do autor e um aspecto do real que, em seguida, pode ser realmente incorporado ao mundo. Sem dúvida, não há de fato uma tal distância, pois os fatos psíquicos que colaboram à gênese da obra escapam a qualquer medida de tempo. Porém, o artifício da descrição tem sua utilidade ao mostrar a multiplicidade dos obstáculos levantados pelo próprio projeto da obra. A todo momento, com efeito, a ameaça de castração existe de maneira inquietante, pois o artista, em virtude de uma higiene que lhe é própria, expõe-se à castração para *representá-la* e assim anular seu perigo. A história literária não faz outra coisa que fornecer a prova de que essa via para recobrar o equilíbrio seja particularmente audaciosa, apesar dos exemplos contrários que podem ser citados com frequência. De minha parte, creio que, no conjunto, todo escritor que tenha querido "comportar-se seriamente com seu sonho" pôde ter dito como Flaubert: "nós os teremos conhecido, os tormentos da literatura".

# 2.

# Experiência do Inconsciente
1967

Sem dúvida, o problema do inconsciente é um tema propício a provocar discussões. Assim, minha apreensão não se dissipou quando fui convidado a fazer observações a respeito do tema e aos comentários que lhe foram consagrados. À medida que considerava mais de perto o que havia sido proposto, via que a mínima reflexão provocaria controvérsia, até mesmo polêmica. Digamos que o inconsciente sempre se vinga de se ver consignado a um lugar ou limitado por uma fronteira qualquer. Por vezes, temos de constatar que, no decurso de um desenvolvimento teórico, surge inopinadamente um esplêndido lapso que é uma verdadeira advertência. Mas deve-se reconhecer que essa oportunidade não se apresenta frequentemente; assim, a reflexão teórica prossegue, convence, organiza onde esperaríamos encontrar sobretudo obscuridade e incoerência, e a satisfação que experimentamos poderia ser bem menos evidente do que acreditamos.

Contudo, sabemos que o debate no qual se opõem a experiência do inconsciente e a necessidade de teorização – cada um dos dois termos impondo-se alternadamente – deve permanecer aberto, jamais ser fechado nem resolvido, para que a reflexão psicanalítica conserve seu dinamismo. Assim, a tensão inerente a essa oposição é exatamente onde a pesquisa psicanalítica nasce e desenvolve-se. A história mostra-nos que seria oportuno ressaltar o itinerário que Freud seguiu.

Sabemos que, vencendo penosamente suas próprias resistências, o inconsciente permaneceu para Freud uma experiência pessoal e um tema de especulação. Uma experiência que ele nos transmite apenas de modo parcial, mas que podemos observar reaparecer intensamente em certos momentos cruciais de sua obra. Primeiro, evidentemente, na *Interpretação dos Sonhos*; depois em *Totem e Tabu*, quando, aos 57 anos, de novo estarrecido, confere ao desejo inconsciente de assassinar o pai uma nova realidade; por fim, em *Moisés*, no qual, de alguma maneira, apresenta uma parte de sua autoanálise e onde novamente esforça-se por descobrir o mesmo desejo de assassinato realizado nas profundezas da História. Aos oitenta anos, o inconsciente é para ele uma realidade tão premente que experimenta ainda a necessidade de analisar uma recordação da infância e comunicar o conteúdo a um amigo, Romain Rolland. Trata-se da famosa carta intitulada *Uma Perturbação da Memória na Acrópole*, na qual Freud mostra-nos, de maneira exemplar, que jamais deixou de se espantar pelo inconsciente e de ser inquietado por ele.

Sem dúvida, a psicanálise enquanto ciência exigia a elaboração de uma teoria, e Freud, evidentemente, consagra a ela uma parte enorme de seu trabalho. Entretanto, por mais importância que dê a uma construção coerente e a mais completa possível, pode-se dizer que jamais, em seus escritos, a especulação, enquanto tal, é colocada acima dos fatos. E mesmo nos trabalhos metapsicológicos observamos sempre o pensamento enraizar-se na realidade empírica a partir da qual as noções são progressivamente deduzidas. Esse procedimento intelectual, perfeitamente conforme a um pensamento científico que inspirou Freud permanentemente, devia proteger a noção de inconsciente contra as afirmações vindas de cima tendendo a fazer dele um absoluto.

Poder-se-ia dizer que os grandes roteiros dramáticos imaginados por Freud, em especial *Totem e Tabu* e *Moisés*, parecem obedecer apenas parcialmente a esse princípio, no entanto, o método empírico dedutivo permanece sendo o único empregado nos escritos metapsicológicos, em que a própria linguagem obedece ao projeto. Freud, com efeito, tem uma só ambição: evidenciar a realidade do inconsciente, provar o fenômeno, mostrá-lo sucessivamente sob todos os aspectos, obrigar a ser "reconhecido", como afirma no último parágrafo do ensaio metapsicológico que lhe é consagrado. Tudo isso sem preocupar-se em primeiro elaborar o conceito. Jamais Freud fala do inconsciente como se já conhecesse todas as suas leis. Pelo contrário – e isso me parece essencial –, seu texto é sempre cheio de nuances, e ele diz, por exemplo: "A observação mostra frequentemente que...", "O inconsciente amiúde parece ser...", com poucas exceções, que em especial se referem ao capítulo reservado às particularidades do inconsciente, redigido de uma maneira mais objetiva e que termina também com uma reserva: "Tratemos de não generalizar..." Não somos confrontados a axiomas, fórmulas construídas sobre princípios, mas a uma exploração teórica intimamente ligada ao tatear da prática e que se traduz gramaticalmente por correções sucessivas, enunciados hipotéticos, proposições dubitativas. Em suma, por tudo que sublinha que o inconsciente é decididamente um tema de pesquisa científica, porém, o sistema no qual deve ser introduzido para torná-lo intelectualmente acessível é apenas um sistema, talvez provisório, talvez definitivo, de qualquer maneira aberto e sempre passível de mudança. Não é, assim, por um excesso de suscetibilidade que precisamos prestar atenção às características chocantes e constantes da linguagem de Freud para falar do inconsciente, mas sobretudo porque sua maneira de falar disso comporta um ensinamento. Observando apenas esse aspecto aparentemente secundário de seus escritos, mas fundamentalmente essencial, dada a originalidade do tema, pode-se dizer que Freud exprime, pelo seu estilo, sua desconfiança em relação às afirmações categóricas prematuras que ameaçariam imobilizar o inconsciente. Em outros termos, o que Freud nos propõe sobre o inconsciente não é jamais um conceito, mas uma noção, se admitirmos a distinção lembrada por Sartre, que definiu a *noção* – oposta ao *conceito* atemporal – como sendo o esforço sintético para produzir uma ideia que se desenvolve por contraposições e superações sucessivas, sendo assim homogênea ao desenvolvimento das coisas. Toda a obra de Freud atesta que, no seu espírito, a noção de inconsciente é uma ideia histórica e evolutiva, sempre aberta às exigências da experiência. Isso não quer dizer que para ele, enquanto pensador, a teoria não tende a trabalhar por conta própria, ou seja, a criar conceitos que se engendram uns aos outros, no interior de categorias separadas de qualquer empirismo. Pelo contrário, segundo a tensão que mencionava há pouco, Freud é tentado pela conceptualização, que é mais ou menos evidente segundo as diferentes épocas, mas permanece presente em seu espírito, exatamente como mostram suas preocupações de linguagem.

Claro, não pretendo aqui estudar a evolução das ideias de Freud sobre o inconsciente. Porém, creio ser útil precisar que o inconsciente no sentido amplo permaneceu a sua maior preocupação, e mesmo se atingiu outras esferas psíquicas, conheceu um apogeu e depois um declínio do ponto de vista de seu valor sistemático. O apogeu encontrar-se-ia justamente no ensaio de 1915, o declínio no momento decisivo que coincide com a introdução da segunda tópica. Sabemos, com efeito, que o ensaio sobre o inconsciente representa o estado mais elaborado da teoria metapsicológica. Ele dá lugar a um raciocínio abstrato, no qual as ideias se engendram umas às outras tomando um aspecto de conceito. Por outro lado, se bem que o pensamento teórico seja levado ao seu mais alto nível de exigência, a forma dubitativa, as precauções gramaticais, as advertências contra as generalizações apressadas, conferem à ideia de inconsciente a fluidez de uma noção em evolução. O ímpeto teórico de Freud é, desde o início, particularmente contido, como aparece numa observação a respeito da oposição fundamental das palavras "consciente" e "inconsciente". A bem da verdade, ele expressa de maneira inusitada o desejo de se desfazer dessa antinomia. Freud diz:

Todo mal-entendido seria enfim dissipado se, ao descrever os diferentes atos psíquicos, não levássemos mais em conta seu estado consciente ou inconsciente e se os classificássemos e os ligássemos unicamente segundo as pulsões e seus objetivos, segundo sua estrutura, suas relações com os outros sistemas psíquicos superiores. Mas isso é, por diversas razões, uma coisa irrealizável e não saberíamos assim evitar uma ambiguidade.[1]

Uma ambiguidade que jamais cessou de preocupá-lo e que acreditou poder atenuar, quando, oito anos mais tarde, propôs que o inconsciente não é mais uma qualidade específica de um domínio psíquico localizado, mas que todas as instâncias psíquicas

---

1    S. Freud, *Métapsychologie*, Paris: Gallimard, 1968, p. 75. (Col. Folio-Essais.)

EXPERIÊNCIA DO INCONSCIENTE

podem ser qualificadas parcial ou totalmente como inconscientes no interior de sua própria esfera. Em suma, tendo deixado de ser um substantivo, guardando apenas um valor adjetivo, a noção de inconsciente é desmantelada para que se possa aplicá-la a todas as instâncias psíquicas e perde em importância sistemática o que ganha em extensão. E Freud, constatando a fragilidade da oposição que já em 1915 o incomodava, escreve: "o inconsciente torna-se uma qualidade que não justifica as generalizações e as deduções rigorosas em vista das quais o utilizaríamos". Mas é para concluir de novo a impossibilidade de falar e de pensar de modo diferente, pois "a propriedade consciente e inconsciente constitui a única luz suscetível de nos guiar através das trevas das profundezas psíquicas"[2].

Poderíamos supor que o movimento dialético do pensamento freudiano sobre o inconsciente seja um dos aspectos mais difíceis do seu ensinamento. Efetivamente, parece que os dois momentos da reflexão, momento teórico puro e momento vivido, que na obra de Freud estão sempre associados, encontram-se amiúde dissociados em seus sucessores. Ora a ligação estreita com a experiência empírica conduz a negligenciar o pensamento teórico, ora a teoria torna-se uma atividade autônoma, evoluindo então em seu próprio domínio e corre o risco de falar de alguma coisa que leva o nome de inconsciente, mas carece de realidade. Freud parece desconfiar mais desta segunda eventualidade que da primeira; diz, não sem certa autoironia: "pensando de modo abstrato, corremos o risco de negligenciar a relação que une as palavras às representações de coisas, e é inegável que *philosophieren* adquire então uma semelhança indesejável com o trabalho mental dos esquizofrênicos em sua expressão e no seu conteúdo"[3].

Filosofar sobre o inconsciente é, então, deixar mais ou menos o terreno da experiência, que é para o pensamento psicanalítico senão o único, pelo menos o primordial. Disso, todos estão seguramente convencidos, porém, por outro lado, a teoria, na medida em que tende espontaneamente a liberar-se da experiência, não pode considerar a experiência totalmente. Assim, esquecem que se Freud foi levado a afastar-se do terreno estritamente delimitado pela experiência – em particular, quando abandona a abordagem puramente descritiva dos fenômenos para definir o inconsciente

2    Idem, *Essais de psychanalyse*, Paris: Payot, 1964, p. 185.
3    *Métapsychologie*, p. 122.

a partir de uma oposição não mais com a consciência imediata de si, mas com um sistema em grande parte inconsciente (o sistema Pcs./Cs.) – é apenas um momento de sua reflexão, pois a oposição consciente/inconsciente é calcada na experiência, a do sonho em particular. Não existiria assim razão de permanecer ligado exclusivamente a essa oposição tópica, é o que diz precisamente Freud na frase citada acima.

É para validar esse movimento dialético entre experiência e teoria que eu proporia trocar a oposição tópica por uma outra, que interviria no próprio campo da situação psicanalítica, de maneira que o inconsciente não se reconheceria mais apenas enquanto "região", mas em relação a um fenômeno: *a tomada de consciência*. Tal procedimento é, em suma, natural, pois a *tomada de consciência* é aquilo que vai contra o trabalho de repressão e atua como o último nível das regiões fronteiriças oriundas do inconsciente das quais se fala habitualmente. Podemos supor que ela não é estranha a Freud, fundada sobre uma referência a um texto provavelmente destruído, no qual ele diz:

quando observarmos, em outro texto, as condições de uma *tomada de consciência*, poderemos resolver em parte as dificuldades que aparecem aí [trata-se dos estudos das ramificações do inconsciente]. Aqui, parece-me, seria mais útil opor ao ponto de vista que foi até agora o nosso, o ponto de vista do inconsciente, um outro ponto de vista: o ponto de vista da consciência[4].

A utilização do fenômeno da *tomada de consciência* como termo de oposição tem ainda a vantagem de precisar de maneira mais dinâmica e mais flexível as relações entre os sistemas psíquicos. É precisamente o que Freud sublinha nos termos:

Seria igualmente errôneo acreditar que a relação entre os dois sistemas (Ics./Cs.) limita-se ao ato da repressão, enquanto o Pcs. despeja no abismo do Ics. tudo o que o perturba. Pelo contrário, o Ics. é vivo, suscetível de se desenvolver, ele relaciona-se com o Pcs. e até mesmo coopera com ele. Em suma, pode-se dizer que o Ics. se continua no que se denomina suas ramificações, que os acontecimentos da vida agem sobre ele e que, ao influenciar o Pcs., ele é por sua vez influenciado por este último.[5]

4   Ibidem, p. 103-104.
5   Ibidem, p. 101.

EXPERIÊNCIA DO INCONSCIENTE

Enfim, a *tomada de consciência*, mesmo ao prestar-se ao estudo do estatuto das representações, permite configurar suas articulações com os afetos e as emoções, seguir as características e o destino do fator quantitativo do instinto, numa palavra, conferir todo seu peso ao ponto de vista econômico tão facilmente negligenciado.

Espero poder evidenciar essas vantagens através do exame mais ou menos detalhado de uma observação. Trata-se de um homem de certa idade que vive num meio intelectual bem informado sobre as questões psicanalíticas, leu Freud e sabe muitas coisas sobre o seu próprio caso. Um dia, sai de uma sessão completamente perturbado por uma interpretação sobre um ponto "banal", do qual sempre foi perfeitamente capaz de falar e, no entanto, dessa vez, coloca-o num estado de estupor e de profundo desespero. Mais do que a interpretação, o que o interpela enormemente é a violência do abalo causado por algo que não pode ser uma revelação, já que tinha conhecimento anteriormente: seu desejo sexual por sua mãe, tema com o qual estava intelectualmente, totalmente, familiarizado. Porém, a sessão tinha mudado essa situação e, para tentar fazer sentir aos seus o abalo que continuava a viver, recorreu a uma comparação com muito senso de humor: "estou sentado numa poltrona e alguém vem me dizer: 'você sabia que está sentado numa poltrona?' Eu respondo que sei, faz trinta anos que não ignoro que estou sentado numa poltrona. Porém, o outro retoma: 'sim, mas você está sentado numa poltrona. E, nesse momento, eu solto um grito de terror". Inútil assinalar que o analista, dotado de uma nova importância, estava implicado na experiência como mostra a alusão humorística à poltrona, objeto usurpado, subestimado e, no entanto, indispensável ao reconhecimento da perturbação. Porém, independentemente dessa referência transferencial, o que se exprime aqui é, com uma expressão bastante feliz, o próprio paradoxo da *tomada de consciência*. Já se disse – e Jean Laplanche em particular sublinhou[6] – que tal experiência produz-se raramente sob a forma de um desvelamento súbito. No entanto, o fenômeno da *tomada de consciência* mantém todo seu impacto e permanece um ponto de partida essencial para a reflexão, mesmo se o

6 L'Inconscient: Une Étude psychanalytique, *L'Inconscient*, p. 102.

trabalho efetuado na análise procede comumente da elaboração interpretativa que dá lugar a um remanejamento sistemático. Voltemos ao caso. Antes da sessão decisiva, o paciente encontrava-se numa situação comparável à de um homem diante da interpretação ineficaz de uma representação reprimida, segundo o exemplo imaginado por Freud[7]. Sem dúvida, não se trata aqui de uma interpretação propriamente dita, mas pode-se admitir que o saber psicanalítico do sujeito e a facilidade com a qual ele o manipulava intelectualmente desempenhavam, até certo ponto, o mesmo papel. Se é verdade que esse saber pode ser comparado com legitimidade à recordação da interpretação ineficaz, ele conduz a uma rejeição da representação reprimida e atua como um obstáculo permanente a um reconhecimento verdadeiro da perturbação inconsciente, o que faz dele um equivalente de um contrainvestimento. Seguindo o pensamento de Freud, sempre no mesmo texto, pode-se imaginar que a representação do desejo pela mãe existia sob dois aspectos diferentes, em duas regiões distintas do aparelho psíquico do paciente. Um era constituído por certo material cultural e intelectual, por tudo o que tinha sido lido e ouvido a respeito do desejo edipiano; o outro – cujos sintomas, a angústia, as inibições do paciente provam sua existência – pelos traços mnésicos inconscientes do que havia sido vivido no passado, e que havia sido um dia consciente. O atalho metafórico imaginado pelo meu sujeito ilustra maravilhosamente essa situação, que apenas a reflexão metapsicológica pode efetuar: *sabia sem saber, agora sabe*. Trata-se aqui, precisamente, de uma *tomada de consciência*, pois esta só se produziu quando a representação – ou, se quisermos, a ideia consciente – conseguiu colocar-se em relação com a "recordação" inconsciente. Como a "recordação", como as representações que a compõem podem se tornar conscientes? Como se efetua a passagem de uma representação de um sistema psíquico a outro? Em que condições essa transformação de um ato psíquico ocorreu?

Coloco essas questões de maneira totalmente esquemática e, para começar, responderei seguindo meticulosamente a demonstração de Freud, o que obriga, é claro, a deter-me em dados familiares a todos. Mas, precisamente, parece-me que a

7 S. Freud, *Métapsychologie*, p. 80.

EXPERIÊNCIA DO INCONSCIENTE

problemática da *tomada de consciência* só pode ser captada em toda sua profundidade se os dados fundamentais forem com todo rigor estabelecidos no contexto que quero conferir-lhes. Freud, assim, tenta resolver os problemas levantados por sua definição de inconsciente avançando duas hipóteses opostas para chegar, enfim, a uma outra maneira de abordar a questão. Segundo sua primeira hipótese, dita *tópica*, a passagem da representação inconsciente no sistema Pcs./Cs. responde a um segundo registro dessa mesma representação que, paralelamente, continua subsistindo no inconsciente. Existe assim, nesse caso, duas inscrições de uma mesma representação e uma distinção topográfica entre dois sistemas psíquicos. A essa hipótese avançada bem cedo, pois encontra-se numa carta a Fliess de 6 de dezembro de 1896[8], Freud contrapõe uma segunda, dita *funcional*, segundo a qual a transformação da representação corresponde a uma mudança de estado do mesmo material tendo lugar na mesma região psíquica. No meu exemplo, o desejo inconsciente pela mãe, isto é, sua representação reprimida, permaneceu ativa, como testemunha a produção continuada de ramificações e a criação de formações substitutivas, que não é o caso de falar aqui, mas posso afirmar que provavam que a representação inconsciente havia guardado seu poder. Aquilo que lhe havia sido recusado é, pois, o investimento pré-consciente. E o destino da representação – sua passagem aparente de um sistema a outro – não é então mais ligado a uma sucessão ou a uma adição de novos registros, mas depende da carga colocada na representação, do deslocamento do investimento. No ato de *tomada de consciência*, tal como ilustrei, pode-se dizer que a representação inconsciente do desejo incestuoso tinha passado por muitas linhas de censura colocadas entre os diferentes sistemas psíquicos, graças à destruição dos contrainvestimentos, para fazer irrupção na consciência ganhando aí um verdadeiro superinvestimento, o qual transformava a experiência em algo completamente distinto de uma percepção auditiva das palavras do analista. Imagem especular da repressão, a energia retirada do contrainvestimento vinha carregar a representação, o que nos conduz ao ponto no qual Freud declara que a hipótese da renovação dos registros deve ser abandonada.

8  S. Freud, *La Naissance de la psychanalyse*, Paris: PUF, p. 153.

Recordemos que a palavra do meu paciente sublinhava o papel da transferência: a *tomada de consciência* passava por um reconhecimento do lugar do analista, nova encarnação do pai, cuja representação inconsciente coexistia, evidentemente, desde antes da sessão decisiva, com a da mãe no inconsciente do sujeito. Tudo isso é corriqueiro e só lembro para poder desenvolver uma hipótese, que ao conferir uma importância maior aos aspectos energéticos dos fenômenos deveria permitir, no corpo do trabalho teórico, a manutenção do contato necessário com a experiência, preservar as qualidades específicas do inconsciente e dos obstáculos que aparecem no seu caminho e toda a tenacidade que lhe é própria.

Postularei que, no inconsciente do meu sujeito, a representação aferente à mãe e a que concerne ao pai – o problema não é diferente na fórmula desenvolvida do Édipo – estavam tão próximas uma da outra a ponto de constituir uma única representação de duas faces. Dito de outra maneira, conforme às leis do processo primário – ausência de contradição e livre circulação da libido –, uma mesma carga ligava as duas representações primitivas, que assim reunidas podiam constituir uma representação dupla de intenso investimento. Admitindo esse postulado, poderíamos supor a existência no inconsciente de duas espécies de representações: as "simples" e as "duplas". As representações "simples" estariam em relação apenas com a repressão original. Suas cargas sendo de uma intensidade variável, por vezes enorme, se desenvolveriam formando figuras extremas e assustadoras. Um dos seus destinos seria descarregar seu investimento segundo vias mais diretas do que aquelas das representações duplas, por exemplo, um refluxo do fator quantitativo ao organismo ou uma irrupção súbita, desordenada, ao nível do sistema Pcs./Cs., como na psicose.

Em contrapartida, as representações "duplas", que seriam em suma componentes das "complexas", seriam tributárias da repressão propriamente dita e teriam um desenrolar próprio que vou tratar de estudar agora. No seu texto consagrado à repressão, Freud precisa que derivados do reprimido podem ter acesso à consciência, sob a condição de ter sofrido uma deformação suficiente e as modificações de ordem econômica terem sido efetuadas. Até onde deve chegar a deformação? Como, pergunta Freud, frear diante de uma certa intensidade do investimento proveniente do inconsciente? No caso que examino, parece-me que é possível

EXPERIÊNCIA DO INCONSCIENTE

avançar a possibilidade que as representações "duplas" figuram certamente no sistema Pcs./Cs., *com a condição de que os dois termos que as compõem sejam radicalmente separados um do outro.* Assim, as representações dos movimentos relativos à mãe e ao pai poderiam ter o direito de se localizar no pré-consciente, com um aspecto bem parecido com a forma original – o que se passa tão frequentemente quando existe um conhecimento intelectual do Édipo – justamente porque elas não estariam ligadas entre si e permaneceriam, em consequência, sem significação para o sujeito. A analogia com o estatuto pré-consciente dos elementos isolados de um complexo é evidente, mas o que gostaria de sublinhar é o fundamento econômico dessa cisão (a não confundir com aquela que se observa no caso do fetiche, em que o representante instintivo está cindido em duas partes, uma reprimida, a outra idealizada). Aqui, o processo ocorre no pré-consciente e cada um dos termos da representação primitiva retém para si sua própria energia de investimento, conforme as leis do processo secundário. Assim sendo, é a fixação da libido pré-consciente, separadamente em cada um dos dois elementos da representação, que assegura a separação entre eles. Então, a "paz" da consciência pode ser concebida como o efeito de um obstáculo à livre circulação da libido entre dois termos de uma representação pré-consciente. O afastamento do sujeito em relação ao seu inconsciente pode assim ser realizado por meio de um fracionamento e de uma fixação da energia de investimento, funcionalmente comparáveis a uma retirada de investimento, ou melhor, a um contrainvestimento (é evidente que não se trata de uma clivagem do ego, não há ruptura no ego e o estatuto descrito pode ser colocado em questão).

Se considerarmos agora os caminhos que se oferecem ao fator quantitativo do instinto quando de uma sobrecarga que um contrainvestimento não controla mais, observamos que a condição pela qual esse fator pode exprimir-se na forma de um afeto é a necessidade de encontrar um novo representante, por exemplo, uma formação de compromisso que exprimiria um "pacto" não apenas entre o instinto e a censura, mas também entre os dois termos primitivos da representação, ou seja, reencontrar uma livre circulação no interior do sistema Pcs. No primeiro caso a descarga se faz *a mínima,* já que cada um dos termos da representação conserva uma parte importante do seu investimento, o que mostra o baixo nível de emoção. No segundo caso, uma livre circulação da energia se estabelece e dá lugar a uma aproximação dos dois termos da representação. Mesmo se a experiência é breve, a emoção só pode ser violenta, já que tudo se passa então como se as leis do processo primário viessem comandar o pré-consciente, como se o inconsciente fizesse irrupção no sistema superior, como se as barreiras separando os sistemas acabassem de desaparecer. Tal seria um dos aspectos sob o qual pode-se considerar a *tomada de consciência*. No caso que narrei, as representações que concernem ao pai e à mãe encontram-se de novo ligadas, assim, de uma parte, elas ganham um valor formal jogando uma em relação à outra, enquanto de outra parte, o fator quantitativo, a libido sendo colocada em livre circulação, o pré--consciente adquire por um momento de duração variável certas características do inconsciente; desse modo, só pode resultar em um início de violento abalo afetivo.

Parece-me que o inconsciente, quando considerado especialmente do ponto de vista da quantidade e do movimento da excitação, encontra uma definição mais flexível, mais fluida, mais conforme à sua onipresença e ao seu poder do que aquela que se baseia no estudo dos fenômenos psíquicos, privilegiando em demasia os pontos de vista tópico e dinâmico. De uma certa maneira isso poderia ser evidente. Em contraposição, poderíamos dizer que, com certeza, o ponto de vista global implicado pela metapsicologia dificilmente é sustentável, porque os fatores econômicos são os mais rebeldes tanto à apreensão quanto à expressão verbal. É o motivo pelo qual creio necessário colocar o acento não mais tanto sobre a posição tópica da libido, mas sobre seu *regime*, o que permite devolver todo o peso próprio ao econômico. Devolvendo ao econômico os seus direitos, dispensa-se introduzir, como queria Jean Laplanche, uma noção de energias de investimento comparáveis à "pregnância de uma boa forma", segundo o modelo "gestaltista", e distintas da energia libidinal.

O que foi apresentado até aqui poderia levar a crer que se deve escolher a hipótese funcional no que diz respeito à passagem das representações de um sistema a outro. De fato, é uma escolha à qual Freud se ateve por um momento. Porém, no decorrer do seu desenvolvimento sobre o inconsciente, parece que a questão não foi resolvida, pois ela retorna ao final do último capítulo: "[as

EXPERIÊNCIA DO INCONSCIENTE

representações conscientes e inconscientes] não são nem registros diferentes de um mesmo conteúdo em dois lugares distintos, nem estados de investimento funcional diferentes num mesmo lugar"[9]. É ao analisar o sintoma esquizofrênico, no qual Freud reconhece uma predominância do que tem a ver com as palavras sobre o que tem a ver com as coisas, que encontra enfim a possibilidade de uma definição: "A representação consciente engloba a representação de coisas [isto é, um investimento de traços mnésicos derivados do objeto], mais a representação de palavras correspondente, enquanto a representação inconsciente é somente a representação de coisas..."[10]. Na repressão, pois, a tradução em palavras é que é recusada à representação de coisas, enquanto a ligação com a representação verbal corresponde a um superinvestimento para a representação concreta.

Se retomo agora a minha hipótese, segundo a qual os dois termos de uma representação são separados a partir de uma base energética no pré-consciente, nada impede supor que cada um dos termos, que são as representações pré-conscientes de coisas, encontre uma articulação com a representação verbal correspondente em virtude de sua vocação para abrir por conta própria uma saída ao exterior. Contudo, nos casos das neuroses de transferência, essa articulação não é suficiente para assegurar o fim da repressão. "Compreendemos", diz Freud, "que a ligação com as representações verbais não coincide necessariamente com a *tomada de consciência*..."[11] Meu exemplo clínico o comprova e cada um de nós poderia citar também um exemplo convincente. O material verbal que naturalmente preexiste ao sujeito é espalhado, por assim dizer, diante dele como proposição a todos os derivados das representações de coisas ávidas de se apoderar desse material para obter uma descarga por meio da linguagem. A esse propósito, é interessante lembrar o trabalho de Freud sobre a afasia (*As Afasias*, 1891), no qual, se bem que a ideia de inconsciente lhe seja ainda completamente estranha, ele distingue a representação de palavras, fechada, da representação de coisas, aberta e feita de um complexo de associações bem variado; a primeira estando ligada à segunda apenas por sua imagem sonora. No caso das representações "duplas" de

9   S. Freud, *Métapsychologie*, p. 118.
10  Ibidem.
11  Ibidem, p. 120.

coisas, pois no pré-consciente os dois termos estão separados, a articulação com as representações verbais correspondentes tem apenas uma pequena capacidade de modificação real do estatuto das representações, desde que ela se faz isoladamente para cada um dos dois termos. Nessa eventualidade, com efeito, a implicação econômica é pequena. As palavras são vazias, como transparece nas formulações empregadas pelos pacientes: "Eu vejo isso, sem dúvida é verdade, e daí?" Em vez de verdadeiras ligações, trata-se aqui de aproximações formais, diretas, que não possuem nenhuma realidade vivida e desempenham de fato o papel de contrainvestimentos. É preciso que a operação satisfaça a duas condições para que uma ligação significativa se estabeleça e que a tradução em palavras dê lugar a um autêntico remanejamento ao nível do pré--consciente. Pois não basta que cada termo da representação de coisas pré-consciente se articule com a representação de palavras correspondente; é preciso, ainda, que a livre circulação da libido sendo momentaneamente efetiva, os dois termos encontrem-se conjugados. A operação completa consiste então num reagrupamento compreendendo necessariamente quatro elementos: duas representações de coisas e duas representações verbais, em que a ligação constitui uma unidade sintáxica. Ela permite a supressão da amnésia graças à qual um relato no sentido forte do termo pode organizar-se, a linguagem adquirindo então uma significação que implica a memória e, concomitantemente, permitindo um valor de descarga. As palavras agora são realmente investidas, querem dizer algo e podem assim, literalmente, emocionar o sujeito. "Fala--se frequentemente da cor e do sabor das palavras", diz Claudel numa passagem que já tive oportunidade de citar[12], "mas não se menciona jamais o estado de tensão do espírito que as profere, do qual elas são o sinal e o indicador de seu carregamento." Notemos a feliz formulação energética aplicada ao domínio verbal pelo poeta, que encontra na velha palavra francesa *chargement* (carregamento) o equivalente de nossa ideia de investimento.

Por vezes nos é dado perceber o tempo inicial do reagrupamento que acabo de mencionar; darei um exemplo que o torna sensível. Uma mulher jovem acaba de me contar um sonho,

---

12 *Positions et propositions*. Citei a passagem na minha intervenção no colóquio "Investissement et contre-investissement", *Revue Française de Psychanalyse*, v. XXI, n. 2, 1967.

aparentemente banal, suscetível de uma interpretação simples que ela descobre rapidamente sozinha. No entanto, é como se nada tivesse ocorrido, o silêncio que se segue tem a qualidade de uma espera, ele é de alguma forma orientado. Depois ela prossegue, dizendo que sente alguma coisa, que não é qualquer coisa e que é, no entanto, indizível; não há palavras que possam descrever isso, e ela acrescenta, "é como uma lembrança", querendo falar de reminiscências, de traços mnésicos. O movimento parou aí e ficou nisso. Porém, mais tarde na sessão, num contexto diferente, tropeça numa palavra que parece dotada para ela de um acento particular, depois cala-se. A mesma palavra reaparece no começo da sessão seguinte e todo o movimento recomeça, mas dessa vez ela toma um certo recuo para descrever o fenômeno. Quando sente alguma coisa, diz ela, sente antes e somente mais tarde lhe ocorre eventualmente encontrar com o que se articula; as palavras para expressar então se apresentam; mas nesse momento não há nada de preciso, é de novo como uma lembrança. Minha paciente compreende perfeitamente que enquanto permanecer no terreno da reminiscência, que já corresponde a uma supressão de certos contrainvestimentos, sua experiência não pode dar lugar a nenhum enunciado, ela é indizível, caracterizada sobretudo por seu valor afetivo, isto é, pela predominância do econômico. Ela ilustra, à sua maneira, a frase de Freud que Rouart lembrava recentemente: "a consciência nasceria onde para o traço mnésico". Porém, isso que decorre imediatamente da distinção fundamental entre representação de coisas e representações de palavras nos obriga a concluir que o traço mnésico não é da ordem da linguagem, de tal modo que este só pode estar associado ao Cs. e ao Pcs., a menos que a noção de linguagem seja explorada de maneira tão extensiva que acaba por esvaziar-se de toda significação.

Toda extensão da noção de linguagem a modalidades de expressão variadas – gesto, mímica, atos falhos, sonhos etc. – permanece puramente analógica, o que nem o psicanalista nem o linguista têm interesse de esquecer[13]. De outro modo, tudo é

---

13  A analogia é proposta por Freud principalmente no segundo capítulo de *Das Interesse an der Psychoanalyse*, GW, t. VIII, p. 403. Que ela ultrapasse os limites permitidos pelo uso, Freud se dá conta, mas se ele a mantém apesar de tudo é porque para ele a linguagem no sentido largo, como no sentido restrito, não é qualquer outra coisa que o sexual transformado. Ao final do parágrafo Freud, aliás, se apoia sobre a teoria de Hans Sperber (publicada num artigo da *Imago* ▶

linguagem e nada mais é, os enunciados mais arbitrários tornam-se possíveis.

Isso posto, é verdade que o inconsciente entretém estreitas relações com a linguagem, não no sentido que pareceria ou seria constituído como tal, mas porque o inconsciente serve-se da linguagem e o faz de duas maneiras: de uma parte, apropria-se das palavras como de tudo o que oferece à sua energia uma via de descarga ou uma saída, de outra parte, exerce sobre seus próprios derivados uma atração que pode arrastar os elementos de linguagem com ele, paralelamente à retirada do investimento pré-consciente; é o que se passa na repressão. Assim, no primeiro caso, o inconsciente sai de si mesmo, por assim dizer, mas então deixa de ser o inconsciente; no segundo, a linguagem passa para o inconsciente, mas então deixa de ser linguagem, pois obedece às leis do mundo no qual é tomada. É o motivo pelo qual se o inconsciente tem efetivamente relação com a linguagem, a psicanálise não tem, direta ou necessariamente, relação com a linguística. Poder-se-ia mesmo dizer que ela a substitui, porque seu objeto começa exatamente onde o da linguística desaparece. De fato, apesar de suas interferências aparentes, as duas ciências não têm nem o mesmo objeto, nem, consequentemente, o mesmo método para apreendê-lo. Sem dúvida, hoje em dia está bem estabelecido – em particular, graças ao ensinamento de Ferdinand de Saussure – que a linguagem não é, em grau algum, um fenômeno consciente: é aprendida, transmitida coletivamente, de tal modo que o indivíduo falante ignora absolutamente as origens do material do qual se serve e as leis que governam seu funcionamento. Nesse sentido, o inconsciente da linguagem pode parecer ter alguma analogia com o inconsciente freudiano, porém uma primeira diferença salta aos olhos: é que se o sujeito falante da linguística é ignorante do que lhe permite falar, ele não deixa de dizer o que quer dizer e dá ao linguista todo o material do qual este tem necessidade. Na realidade, o que se chama inconsciente em

▷ de 1912), teoria atualmente abandonada por completo, segundo a qual as primeiras palavras articuladas teriam sido apelos do macho à fêmea humanos. Assim, Freud só estende a noção de linguagem a todos os meios de expressão humanos para reduzi-la à realidade do fenômeno falado: a sexualidade. Atitude, notemos, que os linguistas têm total direito de recusar, se eles admitirem, como se faz comumente hoje em dia, que a linguística não tem nenhum meio de colocar e resolver o problema das origens da linguagem.

EXPERIÊNCIA DO INCONSCIENTE

matéria de linguística não designa outra coisa que um fenômeno coletivo que escapa ao indivíduo, uma ignorância no sentido banal da palavra, algo pois que deve-se ligar não a Freud, mas ao pensamento pré-freudiano, o qual só distingue nos fenômenos o conhecido do desconhecido, sem suspeitar entre eles um terceiro termo irracional e tendencioso. Não fosse só por isso, a linguística não tem nada de essencial para ensinar à psicanálise, enquanto, como qualquer outra disciplina das ciências humanas, ela pode tirar proveito do ensinamento freudiano.

Não teria sentido deter-se tão longamente nas relações entre a psicanálise e a linguística se não tocassem de perto o problema da teorização. Efetivamente, ao aproximar as duas disciplinas, como se isso fosse metodologicamente legítimo, introduz-se na terminologia psicanalítica noções e conceitos emprestados a um saber exterior que parecem enriquecer o campo psicanalítico ou mesmo, como se diz, abri-lo. Ora, essa disciplina ignora o inconsciente no sentido freudiano do termo, como de resto todas as outras disciplinas das ciências humanas (salvo talvez uma certa tendência da neurofisiologia atual nos seus trabalhos sobre o sono e o sonho). Em consequência, ao importar-lhe seu vocabulário, tenta-se introduzir o inconsciente num mundo que lhe é heterogêneo e onde ele perde, quer se queira ou não, suas características essenciais: transcrito em termos de linguística, ou de qualquer outra ciência, ele designa muito mais a inconsciência no sentido convencional do termo do que nosso inconsciente dinâmico e escandaloso. É o que precisamente dá a impressão de um enriquecimento, já que quanto mais se perde o contato com a realidade viva e inquietante do inconsciente, mais a especulação é livre, menos conhece obstáculos, mais a teoria é "aberta". Porém, ao mesmo tempo, o equilíbrio tão dificilmente mantido entre a experiência e o esforço teórico encontra-se perigosamente comprometido.

A ideia de que acentuar em demasia a teoria poderia desempenhar o papel de uma resistência para o analista deveria ser bem presente para cada um de nós. O analista está assim numa posição mais desfavorável que o analisado, qualquer que seja sua vigilância autoanalítica. Isso mostra a extensão de suas dificuldades, já que o analisado, se bem que colocado em melhores condições, reconstitui incessantemente suas resistências à medida que elas são suprimidas, isso porque todos os meios são úteis e, mesmo paradoxalmente, a própria *tomada de consciência*. A bem da verdade, o paradoxo é apenas aparente, é o que me proponho a mostrar abordando agora o fenômeno de um ângulo diferente.

Na *tomada de consciência*, tal como se pode observar clinicamente, é possível distinguir diversas fases, sendo evidente que o processo pode se deter em qualquer uma delas. A primeira fase, de certa maneira premonitória, passa amiúde despercebida, ela se situa, por vezes, justo antes da sessão. Eu a descreveria como um estado de alerta indizível, mais ou menos claro, no qual a energia do investimento Pcs. do sujeito parece estar como que mantida em suspenso ou cindida em múltiplas unidades. No primeiro caso, aquele da paciente que falava de lembranças sem palavras, estamos diante de um sentimento estranho de vazio ou de espera. No segundo caso, o sujeito parece ter dispersado sua energia de investimento, cada uma das pequenas unidades vindo carregar uma variedade de representações conscientes, de imagens, diversos objetos materiais à vista ou mesmo uma atividade motora. É claro que a energia é então afetada com fins defensivos, essencialmente ao nível da sensório-motricidade. Porém, essa barreira frágil, fundamentalmente instável enquanto o processo segue seu curso, não resiste à interpretação. O contato se estabelece entre os sistemas psíquicos, a representação inconsciente recebe o investimento Pcs./Cs. A partir desse instante, as outras fases se sucedem rapidamente quando tudo se passa de forma normal: 1. de início, o movimento de terror mais ou menos claro, mais ou menos fugaz, do qual falei, que se opõe à paz anterior tão bem preservada pela repressão ou pelos diversos contrainvestimentos. A preponderância do processo secundário foi desfeita e a libido parece dever circular livremente. Assim, em princípio, a interpretação não aliviou, mas alarmou. 2. Aparece em seguida um sentimento de satisfação que contrasta com o que precedia imediatamente e no qual pode-se supor que um elemento narcísico estivesse implicado, já que aqui a extensão do império da consciência produz um sentimento de elação. É aí que eu veria operar o reagrupamento das representações de coisa e de palavra. 3. A esse estado segue uma terceira fase na qual se caracterizam os sentimentos de paz e de equilíbrio. Essa fase é de uma importância especial aos meus olhos, porque se os sentimentos e os afetos que a acompanham marcam um progresso na organização psíquica, um fortalecimento do ego, se quisermos, de outra parte esses mesmos sentimentos de paz e de equilíbrio são análogos àqueles que permitem o jogo de fortes contrainvestimentos, até mesmo de uma repressão bem-sucedida. Assim, a *tomada de consciência* consegue encontrar o estado econômico que a precede, porém, a prevalência do processo secundário, que se afirma novamente, pode apresentar um aspecto negativo. Com efeito, o que foi aprendido, e graças à *tomada de consciência*, vem constituir uma nova unidade que ganha lugar na consciência, retém sobre si uma energia de investimento importante e atua então como um contrainvestimento. A *tomada de consciência* tende assim a bloquear a rota a outros derivados do inconsciente, que desejariam forçar a passagem da censura. É possível mesmo se imaginar que a energia do investimento próprio a esses derivados pode ser recuperada e utilizada para sobrecarregar, superinvestir o que a interpretação havia permitido adquirir, para transformá-lo num saber que corre o risco de tornar-se cada vez mais teórico e abstrato. Com frequência, o analista pode observar no seu paciente a experiência de uma *tomada de consciência* esmaecer progressivamente. O embevecimento ou o abalo primeiro se perdem, o sujeito os evoca com certa confusão, quase deboche. No entanto, em seguida, se refere a ela construindo uma visão das coisas que utiliza como defesa para quebrar as associações quando intervém uma modificação do regime libidinal, quando a prevalência do processo secundário é demasiado ameaçada. Assim, a *tomada de consciência* é evolutiva, terminaria seguindo seu destino interno, tornando-se ela mesma uma teoria, dito de outra maneira, ela pode chegar a essa espécie de adesão intelectual, que termina por negar o inconsciente, colocando-o como uma evidência. Pois é ainda uma maneira de não aceitar a existência do inconsciente tratá-lo como um objeto conhecido ou similar a outros objetos do pensamento.

É precisamente a isso que se expõe o analista quando se encontra só, face a seu trabalho teórico. Pois, então, sua curiosidade e seu esforço científicos podem facilmente recobrir uma necessidade de tranquilidade que o leva, contra a sua vontade, a conferir ao inconsciente posições seguras, bem determinadas, consequentemente, inofensivas. Em suma, a teoria vem socorrê-lo atuando contra ela mesma. É uma fatalidade que cada um explora, eu também, no que acabo de desenvolver. Porém, justamente essa situação coloca em evidência, melhor do que qualquer outra, o que distingue o pensamento psicanalítico de qualquer outro sistema intelectual. Para ele, com efeito, não existe ideia justa em si e no problema que nos ocupa. Por exemplo, não existe a possibilidade de escolher entre a tendência a teorizar e a tendência contrária de permanecer na pura clínica. Porque uma e outra podem ser interessadas e tendenciosas, de maneira que é preciso considerá-las como qualquer material a analisar. Desse ponto de vista, a expressão mais acabada da doutrina freudiana, a própria metapsicologia, pode ser, como Stein convidou a reconhecer em sua intervenção no colóquio de Bonneval[14], colocada a serviço das resistências, contra a psicanálise. Daí a necessidade da análise permanente, única atitude intelectual e afetiva que pode derrotar a incredulidade fundamental do homem em relação ao seu próprio inconsciente.

---

14 *L'Inconscient*, vi Colloque de Bonneval, Desclée de Brouwer, 1966.

# 3.

## Freud e a Morte
## 1968

Em 23 de setembro de 1939, Freud morre após uma longa existência, e o que ele demonstra então anuncia uma grande tranquilidade de espírito. Ernest Jones, parecendo abalado para sempre, descreve fielmente os últimos dias do grande homem que espera o fim sem medo e sem ilusão. Não se vê que peça algum auxílio, senão, em último caso, um sedativo que possa entorpecer as forças vivas ainda lutando. Como último desejo, decide comunicar esse pedido à sua filha Anna, após uma ligeira hesitação que é testemunho de sua lucidez. Freud termina assim sua existência por um novo dom: o modelo do que pode ser a morte de um homem esclarecido e moderno que, nesse momento, não dispõe de nada mais do que ele próprio ganhou. E essa imagem é tanto mais exemplar quanto ela contrasta fortemente com aquela que Freud deu durante a maior parte de sua vida, quase até o começo da velhice.

Tão longe quanto se possa pesquisar, descobre-se efetivamente que Freud foi literalmente assombrado pela morte; tudo vem nutrir sua obsessão. Noivo, numa carta a Martha, descreve longamente o suicídio de um colega, Nathan Weiss: "Sua morte não pode ser acidental, seu ser encontrou sobretudo a plena realização."[1] Um elo

---

1   *Correspondance*, Paris: Gallimard, 1973, p. 69.

entre a morte e a juventude se impõe a ele, persistindo com tanta intensidade que, em dezembro de 1938, ele escreve a uma correspondente desconhecida: "Onde você adquiriu tudo que exprimiu em seu livro? A julgar pela prioridade que você confere ao problema da morte, poderia adivinhar que você é bem jovem."[2] Freud não tem dúvida, estava destinado a morrer prematuramente. Um exemplo entre muitos outros: em 1894, quando de diversas perturbações funcionais, é subitamente invadido de temores hipocondríacos e se crê atingido por uma doença grave. Duvida de seus próximos que devem, sem dúvida, esconder-lhe a verdade. Dominado por essas ideias supersticiosas, prevê que sua morte ocorrerá entre seus quarenta e cinquenta anos. Ernest Jones refere o conteúdo de uma carta na qual ele antecipa o evento: "Contanto que isso não ocorra muito próximo dos quarenta anos, então eu não veria nenhum inconveniente. No entanto, seria melhor não morrer muito cedo ou mesmo nem morrer..."[3]

Freud detecta que esses pensamentos, de certa forma obsedantes, fazem parte de um autêntico estado neurótico. É nessas circunstâncias que empreende a gigantesca aventura que foi sua autoanálise, a qual, é impressionante constatar, ganha um caráter sistemático em seguida a uma morte, a do seu pai: "toda uma parte de minha própria análise era uma reação à morte do meu pai, isto é, ao evento mais importante, à perda mais cruel que pode ocorrer no curso de uma existência..."[4] Certamente, apesar desse esforço, o medo e o desejo de morrer vão continuar, durante muito tempo, a se mesclar no espírito de Freud. Novos pressentimentos substituem os antigos e, quando a marca dos 51 anos foi ultrapassada, segundo a lei dos períodos de Wilhelm Fliess, outra marca impõe-se a ele: a do mês de fevereiro de 1918, que ele comunica a Sándor Ferenczi, em 1910. No entanto, alguma coisa mudou radicalmente; agora ele sabe em que se apoiar. Logo, a guerra o leva a reconsiderar e a exprimir o fundo de seu pensamento sobre o problema da morte. Por ocasião de uma conferência no âmbito da B'nai B'rith de Viena[5], em abril de 1915, denuncia, num tom por vezes

2 Ibidem, carta a Rachel Berlach, p. 498. Na verdade, Rachel Berlach tinha sessenta anos.
3 E. Jones, *La Vie et l'oeuvre de Freud*, Paris: PUF, 1958-1968, t. I, p. 341-342.
4 Ibidem, p. 356.
5 S. Freud, Considérations actuelles sur la guerre et sur la mort, *Essais de psychanalyse*, Paris: Payot, p. 235.

FREUD E A MORTE

um tanto sarcástico, a pobreza de todas as nossas atitudes diante da morte, sobretudo quando ela se manifesta tocando um grande número ou um ser amado. Assinala a necessidade de encontrar uma nova atitude e, para isso, convida seu público a levar em consideração aquela que adotamos em nosso inconsciente. Para o inconsciente, que ignora o negativo, para o inconsciente, no qual os contrários coincidem e que é regido unicamente pelo princípio de prazer, a morte não é o final inelutável da vida, nem o pagamento de uma dívida qualquer devida à natureza. O inconsciente não pode conceber a ideia de nosso próprio desaparecimento e "a crença na morte não encontra apoio algum em nossos instintos"[6]. E se o aniquilamento não é desconhecido pelo inconsciente, só concerne o inimigo ou o estrangeiro que, mesmo desaparecido, pode voltar para vingar-se. Quanto aos entes queridos, se lhes é proibido desaparecer, pois são uma parte de nós mesmos, não merecem menos do que serem aniquilados à menor falta cometida. Tal seria a verdade escondida que precisaríamos aprender a reconhecer. Mas o que teme ele já que, infligindo a morte sem titubear, não acredita possível para si essa realidade, ao mesmo tempo portando um medo obsedante de morrer? Ele não sabe, pois tão natural quanto lhe pareça, esse medo de morrer é somente uma máscara. Do ponto de vista do inconsciente, bem como do primitivo, a morte temida não é jamais natural, ela é sempre o ato de um outro, vivo ou invisível, vindo lhes retirar alguma coisa, privá-los da vida. A morte não goza de um estatuto excepcional; imagem da amputação ou da perda, ela deve ser colocada no mesmo plano que as outras figuras do aniquilamento para significar a castração. O medo das partidas de viagem e o medo de morrer, que o adágio popular aproxima, escondem e refletem um mesmo perigo. Freud estava atento a isso. Em 1925, ele escreve: "no inconsciente não há nada que possa dar um conteúdo ao nosso conceito de destruição [...] eu me atenho firmemente à ideia de que a angústia de morte deve ser concebida como um *analogon* (análogo) da angústia de castração"[7]. Não que não exista aniquilamento, mas ele só existe sob a forma de um desejo de eliminar aquele que acena a ameaça de castração: o pai. Os desejos de assassinato sucumbem aparentemente à repressão, a culpa se perpetua e alimenta o medo

6    Ibidem, p. 263.
7    Idem, *Inhibition, symptôme et angoisse*, Paris: PUF, 1990, p. 53.

de morrer. O círculo se fecha: "não se esconde nenhum segredo mais profundo, nenhuma significação por trás da própria angústia de castração"[8]. Ao nível da interpretação psicanalítica, a morte enquanto tal não tem lugar, ela é remetida ao nível de máscara, e as questões importantes concernem apenas ao que ela dissimula. Com a morte da morte, uma conquista decisiva, realmente revolucionária, foi realizada na busca da verdade. A partir dessa nova perspectiva, as filosofias que asseguram um estatuto de exceção à consciência parecem perigosamente expostas a retomar a contragosto as "atitudes convencionais". A esse respeito, Freud é o grande destruidor que Ricoeur vê nele, aquele cuja obra, neste momento preciso de sua trajetória, desfecha o golpe mais duro às ilusões, satélites da morte, e constitui ao mesmo tempo um pré-requisito a todas as interrogações.

Jones sublinha: com seus escritos metapsicológicos de 1915, Freud podia pensar que havia alcançado o final de sua imensa empreitada: "se sua obra tivesse parado ali, teríamos um estado perfeitamente acabado da psicanálise naquilo que poderia ser chamado de sua forma clássica"[9]. Um lugar preciso é conferido às tendências destrutivas que Freud sempre reconheceu, ligando-as primeiro aos instintos do ego, que trabalham com elas para a sobrevivência do indivíduo, depois à libido, com a qual elas colaboram nas condutas perversas. Nesse momento, Freud recusa conceber um instinto independente de destruição, tal como ele chamará mais tarde, e desconhece os trabalhos orientados de outra maneira[10]. Assim, as tendências destrutivas não parecem determinadas por nenhum outro destino e, considerando os escritos de Freud publicados entre 1916 e 1919, pode-se dizer que nada permite prever qualquer modificação da teoria psicanalítica.

Após os esforços que conhecemos para ultrapassar suas resistências, a figura da morte tendo sido decifrada, Freud poderia ter esperado sentir a vida mais suportável. Ora, sua vida durante os anos de guerra, sua vida, isto é, as privações de todos os lados, as decepções causadas pela evolução dos acontecimentos, o medo

---

8    Idem, L'Inquiétante étrangeté, *Essais de psychanalyse appliquée*, Paris: Gallimard, p. 182.

9    E. Jones, op. cit., Basic Books, t. III, p. 264.

10   S. Freud, Au-delà du principe de plaisir, *Essais de psychanalyse,* Paris: Payot, p. 69.

FREUD E A MORTE

de ver desaparecer seus entes queridos – seus filhos mobiliza-
dos –, parece ter sido apenas tolerável. Sua correspondência é
testemunha. A Max Eitington, afirma ter chegado ao começo
da velhice[11]. À noiva de Ferenczi, ele declara estar "enojado da
vida e sentir-se aliviado com a ideia de que esta dura existência
terá fim"[12]. A Ferenczi, ele confia, em novembro de 1917: "tra-
balhei duramente e sinto-me esgotado, sem forças; começo a
sentir nojo do mundo. A ideia supersticiosa de que minha vida
terminará em fevereiro de 1918 me parece por vezes agradável.
Sou obrigado vez por outra a lutar muito para poder controlar-
-me... "[13]. A ideia de que um dia se deva anunciar sua morte à
sua mãe o aterroriza. Em outros momentos a esperança parece
repentinamente ressurgir, depois cai novamente nesse humor
alternante, em que a morte é esperada com resignação ou quase
ardentemente desejada. Freud, contudo, continua a fazer face a
todas as suas tarefas quotidianas; sua ironia não o deixa, como
nessa carta bem interessante, quando sabemos como sua obra vai
se desenvolver, na qual ele debocha amigavelmente de Ferenczi:

Ao ler sua carta, sorrio do seu otimismo. Você parece acreditar no *retorno
eterno das mesmas coisas* e querer ignorar o desenrolar evidente do destino.
O que há de surpreendente em ver um homem da minha idade observar
o declínio progressivo e inevitável da sua pessoa? Você não vai demorar,
espero, a constatar que não estou de mau humor[14].

Apesar de sua negação, sente-se que as dificuldades interiores
de Freud, nesta época, o conduzem a estar próximo daquelas que
o atormentaram na sua juventude e durante um longo tempo de
sua autoanálise. Com a guerra, com as provações que ela implica,
é o longínquo que reaparece, tudo parece recomeçar. A evolução
do destino da qual fala Freud remete de fato ao antigo e é erronea-
mente que ele afasta a imagem do retorno das mesmas coisas, já
que, tomada literalmente, exprime o que se passa em seu espírito.
Freud veria um fracasso de sua vida íntima contrabalançar a
realização de uma aspiração insistente e reconhecida bem cedo:
a imortalidade? Pode-se admitir que estava menos ameaçado. Freud

11  E. Jones, op. cit., t. II, p. 201.
12  Ibidem, p. 207.
13  Ibidem.
14  Ibidem.

reconhece? Observa que o pretendido declínio de sua existência é tão somente uma imagem e trata-se na realidade de continuar a viver? Talvez, pois parece retomar para si mesmo a regra que havia proposto ao seu público da B'nai B'rith: é preciso viver. Freud recomeça então a questionar a figura da morte. Esse derradeiro esforço lembra uma espécie de autoanálise, em particular na forma e no estilo de "Au-delà du principe de plaisir", o ensaio no qual a morte ganha outro alcance. Freud, nesse ensaio, se exprime num tom que contrasta com o de seus outros escritos. Como nota Jones, o autor parece não ter outro público que ele próprio, suas ideias emanam de uma corrente profunda, íntima, sua argumentação, em alguns momentos lacunar, até mesmo contraditória, toma por vezes, ao se desenvolver, o caráter de uma série de associações livres.

Tal é o horizonte afetivo diante do qual ele começa a edificar a última parte de sua obra, fundando-a essencialmente sobre a morte, tomada como tal e não mais como máscara.

Até então, enquanto o rumor da vida procedia do entrechoque incessante de duas exigências contraditórias – primeiro escolher o mundo ou proteger-se, depois escolher o mundo ou preferir a si mesmo –, a morte, então emblema da castração, remetia à vida, à infância e, sobretudo, ao momento em que todas as personagens do drama edipiano estando reunidas, as energias implicadas são as mais fortes, enquanto a mutilação maior encontra sua plena realidade no fato mesmo de ser impraticável. Agora, a morte é para onde se encaminha a vida, o inerte ou o inorgânico que a precede e que se torna o objetivo. O fenômeno da vida é doravante descrito como o efeito de uma interação constante entre a força de onde provém inquietação ou tumulto – a libido, que causa a perturbação e fornece ao mesmo tempo sua energia a Eros, o novo princípio de coesão –, e uma nova potência que, enquanto instinto de morte, quer tudo desfazer e conduzir o que vive ao estado inanimado. Freud escreve:

A vida dos organismos oferece uma espécie de ritmo alternante: um grupo de instintos avança com precipitação a fim de atingir tão rapidamente quanto possível o objetivo final da vida; o outro, depois de ter atingido certa etapa do caminho, recua para recomeçar a mesma corrida, seguindo o mesmo trajeto, o que tem por efeito prolongar a duração da viagem.[15]

15 S. Freud, Au-delà du principe de plaisir, *Essais de psychanalyse*, p. 52.

FREUD E A MORTE

Em ambos os casos, trata-se de uma repetição, de dois saltos para trás que apenas sua amplitude parece distinguir. Nos dois casos, os instintos procuram restabelecer um antes, seja para encontrar o prazer e, diante de uma nova tempestade, um equilíbrio estável de energias, seja para obter silenciosamente uma anulação imediata e decisiva de todas as tensões.

Instinto de vida e instinto de morte parecem, assim, olhar para trás, e a tendência à repetição pura e simples, independentemente de qualquer outro motivo, seria seu caráter mais primitivo, mais elementar. A palavra foi pronunciada, em essência são conservadores. Enquanto as imagens da agressão e da destruição parecem naturalmente destinadas a servir de ponto de partida para quem se prepara para dar à morte o papel principal, é doravante a noção de repetição que, ao tomar um valor transcendente, orienta decisivamente o pensamento de Freud. O instinto de agressão enquanto desvio do instinto de morte para o mundo exterior só se precisa mais tarde, sobretudo em *Le Moi et le ça* e em *Malaise dans la civilisation*. Essa potência destruidora que, numa forma originária de masoquismo, visa sem desvio o próprio sujeito, encontraria no sadismo, se é que ele é alguma vez puro, sua expressão mais legível; porém, ainda aí ela está sempre pronta a encontrar seu ponto de partida, por um novo trajeto recorrente, para nutrir a culpabilidade e a necessidade de punição.

Freud avança, então, imediatamente no sentido que prosseguirá no restante dos seus trabalhos, não sem certa ambiguidade. Percebe-se essa ambiguidade, por exemplo, no texto cuja publicação (outono de 1919) precede a "Au-delà du principe de plaisir", mas que é escrito praticamente ao mesmo tempo: *L'Inquiétante étrangeté*. Esse texto pode ser visto como uma verdadeira articulação, já que o sentimento analisado aí – *das Umheiliche* – parece referir-se tanto à morte quanto à castração. O duplo, a imagem inquietante por excelência, é visto a partir da perspectiva de uma duplicação, que Freud analisa de duas maneiras: como uma ilustração da castração comparável à multiplicação das serpentes na cabeça da Medusa[16] e como indício do automatismo demoníaco

---

16 Idem, *Das Medusenhaupt*, G.W., t XVII, 1922, trad. franc. *Oeuvres complètes*, v. XVI, Paris: PUF, 1991. (Trad. J. Laplanche; A. Bourguignon; P. Cotet.)

de repetição, "suficientemente forte para afirmar-se para além do princípio de prazer".

As derradeiras posições da teoria exprimem o dualismo fundamental de Freud, que a introdução do narcisismo havia até certo ponto colocado em questão, mas que agora está definitivamente estabelecido. Contudo, não se pode ignorar que na nova dicotomia, na qual a morte parece transcender a vida, o papel do sexo restringe-se, ao mesmo tempo que a libido se dilui no Eros, uma entidade mais ampla e mais vaga à qual é consignada a função geral de unir e de combinar. Essas ideias altamente especulativas foram recebidas com grandes reservas pelos fiéis de Freud, com exceção de Ferenczi, Eitington e Alexander. Hoje ainda, numerosos psicanalistas se recusam a aceitar essa teoria, argumentando que nada a confirma, nem na química, nem na física, nem mesmo na biologia, sobre a qual Freud quis apoiar--se. De fato, as contradições internas não são raras e o próprio Freud não tenta escondê-las: se todo instinto é essencialmente conservador, como conciliar esse caráter que lhe é próprio com o movimento criador de Eros, que a partir de pequenas unidades tende a realizar novos conjuntos progressivamente mais extensos? De outra parte, se Eros, enquanto instinto, deve obedecer à lei do retorno para trás, é preciso "postular que a substância viva tendo primeiro constituído uma unidade, mais tarde se fragmenta e tende a se reunir novamente"[17], porém, nota Freud, "eis aí uma fábula imaginada por certos poetas, que nada na história da matéria viva confirma". De resto, ele reconhece "que a terceira etapa da teoria dos instintos [...] não pode pretender à mesma certeza que as duas primeiras...", e acrescenta: "certamente, a teoria do caráter regressivo dos instintos repousa ela também em materiais fornecidos pela observação[18] [a tendência à repetição]. Mas é possível que eu tenha exagerado o valor e a importância desses fatos"[19]. Por fim, no último capítulo do ensaio *Le Moi et le ça*[20], Freud, no espaço de uma página, distingue a angústia de morte da angústia neurótica, pois a considera como um produto

---

17  E. Jones, op. cit., t. III, p. 264.
18  Trata-se da tendência a repetir as experiências dolorosas – sem levar em conta o princípio de prazer –, como nos sonhos de guerra ou acidente, em que se repetem certos comportamentos automutiladores.
19  S. Freud, *Au-delà du principe de plaisir*, *Essais de psychanalyse*, p. 75.
20  Idem, *Le Moi et le ça*, *Essais de psychanalyse*, p. 232-233.

FREUD E A MORTE

da elaboração da angústia de castração e concede que a morte é uma noção abstrata, cuja correspondência inconsciente resta a encontrar. Essas restrições, das quais poderíamos fornecer ainda muitos outros exemplos – o papel limitado da dualidade instinto de vida/instinto de morte em *Inhibition, symptôme et angoisse*, a manutenção explícita da antiga dualidade instintual no domínio clínico – não impedem absolutamente Freud de manter firmemente suas novas concepções: "Elas se impuseram a mim com uma tal força que não posso mais pensar de outra maneira. Quero dizer que, do ponto de vista teórico, elas são incomparavelmente mais proveitosas que quaisquer outras; elas trazem, sem negligenciar nem forçar os fatos, essa simplificação para a qual tendemos em nosso trabalho científico."[21]

Quando um edifício tão magistral e tão acabado como é a psicanálise, após os escritos metapsicológicos, encontra-se colocado em questão sobre bases em suma bastante frágeis pelo seu próprio criador, que de outra parte faz questão visivelmente de conservar o essencial, pode-se interrogar as razões de tal iniciativa. Questionamentos não faltaram na própria época e certos autores acreditaram encontrar uma resposta na sequência de lutos que Freud sofreu, em particular a morte de sua filha Sophie, em janeiro de 1920. Admiravelmente, Freud havia previsto este argumento, pois pede a Eitington para testemunhar que "Au-delà du principe de plaisir" já estava escrito até o meio, quando sua filha Sophie ainda estava plenamente saudável. Alguns anos mais tarde ele recusa o mesmo argumento, levantado dessa vez por seu biógrafo Fritz Wittels, concluindo que o "provável não é sempre verdadeiro". Da mesma forma, ele se defende de ter sofrido a influência dos dois filósofos aos quais seria ligado. Em *Ma vie et la psychanalyse*, escreve:

E lá onde me afastava da observação, evitei cuidadosamente me aproximar da filosofia propriamente dita. Uma incapacidade constitucional me facilitou bastante tal abstenção. As extensas concordâncias da psicanálise com a filosofia de Schopenhauer [...] não permitem ligá-la, na minha opinião, à sua doutrina. Eu li Schopenhauer bem tardiamente na minha vida. Nietzsche, o outro filósofo cujas intuições e pontos de vista concordam frequentemente de maneira espantosa com os resultados

---

21 Idem, *Malaise dans la civilisation*, Paris: Denoël et Steele, 1934, p. 55.

PRIMEIRA PARTE

penosamente adquiridos pela psicanálise, eu o evitei precisamente por isso; eu fazia questão menos da prioridade do que permanecer livre de toda prevenção...[22]

Enfim, em 1937, numa carta a Arnold Zweig[23], ele fala de sua aluna Lou Andréas-Salomé como seu único elo real com Nietzsche. Aquilo que motiva a derradeira orientação de seu pensamento deve ser procurado em outro lugar.

Freud, que até então havia pedido ao seu conhecimento do inconsciente para ajudá-lo a preparar-se para morrer, isto é, a suportar a vida, suas provações e seus lutos, antecipa agora sua própria morte enquanto objetivo. Mas como em toda antecipação, o projeto aqui recobre e mascara um retorno, movimento vivido que poderia estar na origem da noção de compulsão de repetição, argumento primeiro e base teórica do pensamento de Freud no seu último desenvolvimento. De qual retorno de fato? Jones pensa que em "Au-delà du principe de plaisir", Freud reata com uma paixão antiga pela filosofia, cujos traços não são raros, como testemunha esta carta de 1882, na qual Freud escreve à sua noiva: "A filosofia, que eu me representei sempre como um objetivo e refúgio da minha velhice, me atrai cada dia mais, tanto quanto todas as outras questões humanas reunidas, e à qual eu me dedicaria..."[24] Certamente, mas se os acentos filosóficos que caracterizam "Au-delà..." remetem a uma inclinação da juventude por uma *disciplina* intelectual, a liberdade de invenção e de orientação que tomam então as ideias lembram mais o papel de um *homem*, que foi para Freud pessoalmente um filósofo e um sábio, cuja influência contribuiu poderosamente para liberá-lo. Trata-se de Fliess, que uma primeira vez tinha ajudado Freud a ultrapassar as limitações mutilantes que ele impunha à sua imaginação, segundo o ideal científico que havia em grande parte herdado de seu mestre Ernst Wilhelm Brücke. Nisso, Fliess tinha se constituído numa figura exemplar, porque à extensão da sua cultura, à sua paixão pela biologia, ele associava uma imaginação viva, por vezes aventuresca, que o levava para além do domínio estritamente médico. Porém, o elã especulativo que distingue

22　Idem, *Ma vie et la psychanalyse*, Paris: Gallimard, 1975, p. 93.
23　E. Jones, op. cit., t. III, p. 213.
24　Citado por E. Jones, op. cit., p. 41.

"Au-delà..." na obra de Freud não é o único elemento que permite evocar a impressionante figura de Fliess. Os temas propriamente ditos do livro guardam uma analogia com certas ideias centrais no pensamento do médico berlinense. Em primeiro lugar, é uma *metabiologia* utilizada como sustentação da hipótese científica; depois, uma perspectiva cosmológica em que a evolução dos organismos está ligada à evolução da Terra e de suas relações com o Sol[25], totalmente à maneira como Fliess escrevia: "A espantosa precisão com a qual se mantém o intervalo de 23 ou segundo o caso de 28 dias permite supor que existe uma relação estreita entre as condições astronômicas e a criação dos organismos."[26] Enfim, a noção decisiva de compulsão de repetição, que ligada à noção de prazo e dotada de um valor transcendental parece ecoar a periodicidade rigorosa descoberta por Fliess em todas as atividades vitais e que determina o calendário da existência, também a data do nascimento e a da morte[27]. A periodicidade intervém também numa hipótese sobre o princípio de prazer que Jones assinala em *Le Problème économique du masochisme*:

Parece que o prazer e o desprazer não estão ligados ao elemento quantitativo da excitação, mas a uma outra de suas características que só podemos denominar qualitativo. Teríamos avançado muito mais em psicologia se pudéssemos indicar qual é essa característica qualitativa. Talvez seja o ritmo, o desenvolvimento cronológico das modificações, aumentos e diminuições da quantidade de excitação, não sabemos.[28]

A ideia geral de repetição torna-se então para Freud o centro de seu pensamento.

Os traços sensíveis da passagem de Fliess na vida intelectual de Freud poderiam surpreender, se não conhecêssemos a intensidade dos elos afetivos que durante anos uniram os dois homens. Entre 1894 e 1900, sobretudo, Freud, já tendo chegado à maturidade, ainda mostrava uma grande dependência de Fliess. As cartas que Freud envia a Fliess, então, são literalmente compostas de

25  S. Freud, Au-delà du principe de plaisir, *Essais de psychanalyse*, p. 48.
26  Idem, *La Naissance de la psychanalyse*, Paris: PUF, p. 5.
27  A periodicidade de Fliess é baseada na bissexualidade inerente a todos os seres humanos; ela é ordenada pelo jogo de dois números, 28 e 23, que são ligados ao fenômeno da menstruação e representam respectivamente os componentes feminino e masculino.
28  E. Jones, op.cit., t. I, p. 349-350.

testemunhos de admiração e de estima indefectível; ele antecipa seus encontros com seu amigo, descreve-os como a realização de um belo sonho e seus célebres "congressos", ocasiões de trocas de ideias apaixonadas, que não deixam de evocar os passeios socráticos. Ainda em 1899, Freud escreve: "Que te parece dez dias em Roma na Páscoa (nós dois naturalmente)? [...] Falar das leis eternas da vida na Cidade Eterna não seria uma má ideia..."[29] Assim, para Freud, ninguém é mais importante que Fliess, que acolhe suas confidências mais íntimas, suas preocupações mórbidas, seus sonhos e sua significação, como aquele logo após a morte de seu pai, enfim o próprio relato de sua autoanálise. Em 1898, ele escreve: "Sem público, eu não escrevo nada, mas estou perfeitamente satisfeito de escrever apenas para você..."[30] Freud parece assim guardar diante dele, como uma espécie de referência, a imagem poderosa de seu amigo, que, sem dúvida, ele superestima de alguma maneira; quando ele lhe expõe suas ideias e submete seus trabalhos, sempre espera ansiosamente ser aprovado: "Teus elogios", ele lhe diz em 1894, "são para mim néctar e ambrosia..."[31] Em suma, Fliess, a quem Freud confere então a posição de um censor, encarna uma figura paterna que toma o lugar anteriormente ocupado por Josef Breuer e funciona como um superego. O caráter homossexual dessa relação não lhe escapou, pois escreve em 1900: "Nada seria capaz para mim de substituir os contatos com um amigo; é uma necessidade que responde a alguma coisa em mim, talvez a alguma tendência feminina..."[32] Mas como se passa habitualmente nesses casos, a imagem idílica dessas relações, à primeira vista, quando a hostilidade de Freud visa ainda Breuer, recobre de fato uma profunda ambivalência. Ligado à morte do pai e à violenta perturbação que ela provoca na vida interior de Freud, instigador da singular contabilidade fúnebre, graças à qual Freud determina a data de sua própria morte, e confidente dos momentos de depressão mais penosos, Fliess, de todos os lados, é associado à morte; além disso, enquanto substituto da figura paterna, ele pode ter sido objeto de desejos de assassinato inconscientes. De qualquer

29 S. Freud, *La Naissance de la psychanalyse*, p. 261.
30 E. Jones, op. cit., t. I, p. 332.
31 Ibidem, p. 328.
32 Ibidem, p. 332.

FREUD E A MORTE

maneira, os dois homens terminam por se desentender, e o triste fim de sua amizade deixa pensar que, contrariamente à opinião de Jones, Freud, se bem que tendo rompido exteriormente com Fliess, não conseguiu resolver e liquidar realmente os elos que o uniam a ele. Essa relação, em que a morte e a repetição se entrelaçam continuamente, parece mesmo ter guardado para ele um poder estranho, *umheimlich*, como atesta a anedota seguinte. No decorrer de uma viva discussão com Jung, em Munique em 1912, um ano antes de sua ruptura, Freud desmaia subitamente. Quando retoma a consciência, suas palavras surpreendem os presentes: "Como deve ser agradável morrer." Alguns dias mais tarde, ele revela a Jones o sentido de seu desmaio, que repetia exatamente um incidente ocorrido alguns anos antes:

É impossível que eu esqueça que, há quatro ou seis anos, experimentei sintomas bem parecidos, ainda que menos intensos, na mesma sala do Park Hotel. Foi durante uma doença de Fliess que, pela primeira vez, fui a Munique, e esta cidade parece estar ligada a minhas relações com o homem em questão. No fundo de toda essa história existe um problema homossexual não resolvido...[33]

(um mês depois, Freud confiou a Jones que sua última briga com Fliess tinha ocorrido nessa mesma sala de hotel). Não resolvido, o problema devia obviamente permanecer; sem dúvida, Freud doravante encarava as ideias de Fliess com um espírito crítico implacável, mas quando ele o alude em "Au-delà...", ele refere, apesar de todas as suas reservas, como uma "grandiosa" concepção.

À beira da velhice, que frequentemente devolve a palavra ao passado, Freud reencontra a lembrança de Fliess e tenta mais uma vez resolver sua relação impossível com ele. Na primeira parte de sua obra, sobre a qual reina a imagem da castração, Freud tinha se esforçado para ultrapassar a ambiguidade de suas relações com seu próprio pai; na última parte, dominada pela figura da morte, ele retoma uma tarefa idêntica, e talvez interminável, que se traduz, dessa vez, por suas relações com o traço de um objeto transferencial. O ouvinte real do passado não desapareceu verdadeiramente; carregando consigo os desejos de morte de que era alvo, transformou-se num novo ouvinte, fictício e

33  Ibidem, p. 348-349.

puramente interior, com o qual Freud refaz os mesmos elos para ensaiar libertar-se. A partir de 1920, a obra de Freud, ao mesmo tempo inovadora e tributária do eterno retorno do mesmo, de uma longínqua lembrança de *L'Esquisse*, se lança, então, numa nova elaboração do seu elo homossexual com Fliess que o transforma profundamente e talvez mesmo o sublime, para retomar um termo deste último. Assim afirma-se a eficácia e a continuidade do movimento que o leva a antecipar o futuro ao retomar o passado e que fazia com que escrevesse a partir de 1899:

Shakespeare disse: você é devedor de uma morte à natureza. Espero que, chegado o momento, haverá alguém para tratar com mais cuidado [do que o doente que se engana sobre seu estado] e para me dizer em que momento eu devo estar pronto. Meu pai o sabia claramente e, sem falar, conservou até o fim sua bela serenidade.[34]

Freud não teve absolutamente necessidade de ser prevenido, ele estava pronto antes da hora. A lembrança dessa morte exemplar, à qual se referem as ligações tão longamente ambivalentes com a imagem de Fliess, nos faz acreditar que ela não é estranha à verdadeira aposta que Freud faz com "Au-delà..." e também permite que ele consiga manter duplamente o desafio, para os outros e, coisa mais rara, para si mesmo. Doravante, parece que a morte iminente não consegue mais lhe causar uma ferida narcísica; ele pode mesmo recebê-la tal como ele havia concebido, como um fim normal que lhe assegurava desde sempre seu instinto de conservação.

---

34   S. Freud, *La Naissance de la psychanalyse*, p. 245.

# SEGUNDA PARTE

# 1.

# Transferências e Neurose
# de Transferência
# 1966

Numa nota preliminar, os editores ingleses da *Standard* sublinham, de maneira oportuna, a atenção que Freud conferia aos
aspectos não terapêuticos da análise, muito especialmente ao final
de sua vida. Contudo, parece-me que as preocupações terapêu-
ticas estão presentes de maneira destacada em *Analyse terminée
et analyse interminable*, em que, por exemplo, a questão do fim
da análise está centrada num problema técnico – aquele da aceleração dos tratamentos – e que conduz a considerar tanto a
possibilidade de uma liquidação total do conflito que opõe o ego
ao instinto quanto o valor profilático da análise.

Com frequência, podemos notar o ceticismo que transparece no texto em que Freud – como diz James Strachey – revela
uma preocupação que já exprimia setenta anos antes, quase dia
a dia, numa carta a Wilhelm Fliess[1]. Não é admirável que Freud
ilustre, se podemos dizer assim, seu pessimismo – cujos acentos
filosóficos não lhe passam despercebidos – ao fazer referência à
análise de seu aluno Ferenczi e às suas sequências, enquanto, de
outra parte, ele cita precisamente um texto de Ferenczi, no qual

---

1 Carta a W. Fliess, 16 de abril de 1900, em S. Freud, *Naissance de la psychanalyse*,
Paris: PUF, 1956.

está dito que a análise não é um processo sem fim, mas deve poder ser levada a um fim natural?

De qualquer maneira, é certo que cada analista teve mais de uma ocasião de conduzir uma análise, mesmo em meio a ásperas dificuldades, a um final que ele *tinha* como lógico, verdadeiro e, por fim, definitivo; o conjunto do processo dando o sentimento que uma espécie de trajetória – talvez já traçada, talvez potencial – tinha sido seguida desde o começo do tratamento. É nesse caso que a análise parece até mesmo ganhar um valor estético.

Então podemos pensar que as expressões "análise terminada", "interminável", "incompleta", "inacabada" ou "infinita" são bastante ambíguas. Vou tratar de explicar-me.

Freud, ao lembrar a questão da etiologia traumática das perturbações, nos diz que uma análise só pode ser considerada definitivamente acabada quando permitiu "substituir, graças ao fortalecimento do ego, o fim imperfeito do período infantil por uma liquidação correta". Como é preciso fazer uma escolha, assinalo ainda apenas essa frase, que podemos ler um pouco adiante: "É quando os eventos patogênicos pertencem ao passado que o trabalho analítico fornece seus melhores resultados, porque nesses casos o Ego os considera com um certo recuo." Frase que introduz oportunamente a questão do tempo por um outro caminho, aquele do passado e da capacidade de temporizar, e que permite acrescentar que entre os eventos pertencendo ao passado existem alguns que têm a chance, no sentido da transferência, de serem *antigos e atuais*. Nada surpreendente.

Da mesma maneira, não há do que se espantar que os casos, nos quais os eventos patogênicos pertencem ao mesmo tempo ao passado e ao dia atual, sejam precisamente aqueles que oferecem as melhores chances à terapêutica analítica. Eu substituiria à alternativa análise terminada/análise interminável a questão da liquidação ou da não liquidação da neurose de transferência, questão que decorre naturalmente do texto de Freud. E não penso que se trate simplesmente de uma questão de palavras. A lógica nos autoriza efetivamente a operar uma nova substituição: a neurose de transferência se constituiu, ou não, preliminarmente às outras questões, pois para poder abordar a liquidação da neurose de transferência é preciso ao menos que ela tenha se constituído. Então, de maneira sem dúvida um pouco abrupta, formularei assim minha proposição: *as análises intermináveis são aquelas no curso das quais uma neurose de transferência verdadeira não se constituiu, enquanto aquelas nas quais a neurose de transferência foi elaborada e desenvolvida evoluem naturalmente para um final.* (Deixo de lado os fracassos ligados a uma contratransferência viciosa que não entram nos meus propósitos.)

Acabamos assim por questionar a natureza da neurose de transferência verdadeira e suas capacidades evolutivas. Cada um de nós admitirá que se não podemos ignorar que o psicótico desenvolve em relação ao seu terapeuta sentimentos com frequência extremamente vivos, estes, em contrapartida, não podem ser considerados do ponto de vista de uma psiconeurose de transferência. Freud assinala esse aspecto indiretamente quando fala, nesse caso, da aliança que o analista deve poder concluir com um ego normal. Ora, a incapacidade de constituir uma psiconeurose de transferência não é reservada exclusivamente aos psicóticos, longe disso. Freud nos fala da dificuldade que experimentamos em prever a finalização dos tratamentos nas análises de caráter e ele admite, na minha opinião, introduzir nessa categoria os sujeitos considerados como "casos limites", da mesma maneira que numerosos sujeitos portadores de doenças psicossomáticas autênticas. Para apoiar esse ponto de vista, gostaria de citar uma outra passagem de *Analyse terminée et analyse interminable* na qual se afirma que "convém não considerar como transferências todas as boas relações que se estabelecem entre analista e analisado durante e após a análise. Algumas dessas relações amistosas se apoiam em bases reais e mostram-se viáveis". Seria correto pensar não apenas nas boas, mas também nas más relações, e acrescentar ainda que não se deve considerá-las sempre como transferências pertencendo a uma neurose de transferência; elas não são tampouco passíveis de serem remetidas automaticamente a uma base real.

Ao propor aqui minhas observações de maneira algo desordenada, direi que essas relações, esses sentimentos, não podem ser considerados transferenciais no sentido pleno do termo, nem remetidos a uma base real, porque são ligados a uma organização psicoafetiva particular na qual sente-se, bem próxima, a vertente biológica do instinto. O afeto é aí violento e o econômico domina. As representações são com frequência rudimentares, cruas ou simples, por vezes felizes, mas fixas e formando poucas ramificações. O trabalho de condensação e de deslocamento é sumário; a repressão primária prevalece. As representações podem, contudo, coladas a seus afetos, irromper na consciência de maneira brutal; diríamos um desembrulhar de ideias, que a linguagem kleiniana evoca sempre com simpatia e cujos acentos podem ser por vezes poéticos. Em outros casos, essas representações parecem ser como que remetidas fora do circuito da vida mental propriamente dito, dominada por um funcionamento de tipo operatório[23]. De qualquer maneira, os movimentos afetivos, quando se exprimem, visam diretamente seu objeto, sem reflexão nem mediação sobre ou por um terceiro. Disso decorre que a atividade de representação – para evitar os termos de simbolização exigindo um longo exame –, que é frequentemente ou por vezes pobre, e aparentemente, pelo contrário, fulgurante, não se presta absolutamente a entrar numa sintaxe (com exceção dos casos em que o pensamento operatório dominante, uma sintaxe convencional, "administrativa", organiza simplesmente os elementos emprestados ao léxico da cotidianidade ou mesmo da cultura cujo valor, relativamente aos profundos movimentos instintivos, só pode ser alusivo). Nos casos mais demonstrativos, somos confrontados a um *conglomerado afeto-representação* que forma um verdadeiro enclave letal fora de condições de entrar num *romance;* esse romance que constitui precisamente a neurose transferencial.

Poder-se-ia pensar que o analista poderia ser o alvo visado, o que autorizaria a se falar de transferência. Porém, na minha opinião, tal fato não significaria uma verdadeira transferência. Antes eu diria, e sem querer fazer um jogo de palavras, tratar-se de *transportes* cujo estatuto tópico pode ser difícil de se precisar, podendo ser perfeitamente o do consciente. Neste último caso, o sujeito reconhece o afeto e a imagem e, vivendo diretamente a emoção, a declara lógica – poderíamos acrescentar, extratransferencial! É o domínio absoluto do grito, do apelo, da exigência

---

2   P. Marty; M. de M'Uzan, La Pensée operatoire, *Revue Fançaise de Psychanalyse,* v. XXVII, 1962, número especial. XXIII Congrès des Psychanalystes de Langues Romanes.

3   P. Marty; M. de M'Uzan; Christian David, *L'Investigation psychosomatique,* Paris: PUF, 1963.

direta, capaz de engendrar somente outros gritos, apelos e exigências, num jogo de despachos, teoricamente interminável, que não apagam nem a quem gratifica nem a quem frustra ou persegue, claro, e que se desenvolve sob o signo da repetição, porque apenas um relato ou uma história são suscetíveis de avançar para um fim, como o romance de amor que é a neurose de transferência, em que os afetos e as emoções transferidos implicam constantemente a existência de um terceiro, mesmo que este seja obscuro; a este nível, a cobiça, a exigência, a necessidade dão lugar a outra forma de pretensão: o "desejo". A partir dessa perspectiva, não estamos autorizados a retomar, conferindo-lhe, claro, um sentido suplementar, a proposição de Freud segundo a qual "o próprio analisado – eu precisaria tal analisado – não consegue colocar todos os conflitos na transferência"?

Edificação, desenvolvimento, liquidação. Esses termos implicam, para a neurose de transferência, assim como para qualquer processo, a noção de duração. Por essa noção, entendo a constituição sólida da categoria *passado*, que está, na minha opinião, indissoluvelmente ligada à possibilidade de um final para a análise. Nesse ponto, preciso referir-me à intervenção que fiz por ocasião do XXVI Congresso de Psicanalistas de Línguas Romanas[4]. Dizia então que o procedimento psicanalítico, que é essencialmente escutar alguém que fala, não procura detectar a emergência dessa ou daquela demanda instintiva, mas seguir o relato que é feito, quer dizer, o *romance*. Ora, a expressão dos movimentos do sujeito em relação ao objeto só se torna romance ou história que se fecha quando está completamente estruturada na problemática da castração. Em razão de sua constante reflexão ou mediação, a formulação da demanda é definitivamente complicada. Trata-se de uma modificação, diria sobretudo uma espécie de mutação, que concerne não somente o que vai ser datado desse momento, mas também tudo o que precedeu e que remanejou profundamente, reavaliou em termos de castração, reescreve, constitui o primeiro verdadeiro passado do indivíduo. Melhor ainda, o sujeito, ao fundar-se sobre a descrição que dá de sua situação no mundo enquanto ser de desejo – descrição legível no estilo de todas as suas atividades –, cria, em vistas do seu passado, o verdadeiro

4 *Revue Française de Psychanalyse*, v. XXX, 1966, n. 5-6. XXVI Congrès des Psychanalystes de Langues Romanes.

precedente para amanhã. Acredito que sem essa capacidade de reconstituir e de criar o passado no lugar de uma amálgama do que foi vivido ou feito outrora, mesmo refeito na sua estrita sucessão, não se poderia considerar o desenvolvimento de uma neurose de transferência e, por fim, sua liquidação. Para empregar uma imagem, sem o "era uma vez o filho de um rei..." não se pode conceber uma finalização.

Após ter abordado o problema do estatuto das emoções e das representações, precisaria abordar a questão da resistência. Freud, quando aborda o papel patogênico dos mecanismos de defesa, fala de uma resistência que se opõe à descoberta das resistências e de sua relação com uma modificação do ego do sujeito.

É esse último ponto que guardarei: o da modificação do ego. Aqui, ainda, deixo de lado o domínio das psicoses. Segundo a existência ou não de uma relação significativa com os mecanismos de defesa, estamos autorizados, me parece, a distinguir duas classes de modificação do ego.

A primeira, para nós, em muitos aspectos a mais familiar, pode ser observada nos sujeitos que acabo de mencionar, os quais são dotados da capacidade de reconstituir e criar o passado enquanto relato. Seguramente, e Freud sublinha, existem casos entre esses sujeitos onde os mecanismos de defesa, orientados contra os perigos passados e reproduzidos na transferência, podem funcionar como forma de resistência à cura; os esforços terapêuticos chocam-se então contra a modificação do ego assim induzida. No entanto, essa classe de modificação do ego, ligada ao papel dos mecanismos de defesa contra uma exigência instintiva perigosa, é de fato móvel, quer dizer, pronta na situação analítica a aceitar uma nova modificação. A modificação do ego tem uma parte ligada à resistência, mas não de maneira isolada ou fixa, já que a relação de afinidade que existe entre associação livre, resistência, constituição da transferência, forma, nesses casos, um todo orgânico, dinâmico e destinado a seguir uma trajetória que não pode ser destacada da neurose de transferência, de seu desenvolvimento, de sua liquidação. Aí, o obstáculo mais importante deve-se à natureza da contratransferência.

Em contrapartida, a segunda classe de modificações do ego eletivamente – mas não exclusivamente – é encontrada em certos pacientes difíceis de trato e em pacientes psicossomáticos. Essas modificações são estranhas à intervenção dos mecanismos de defesa contra o instinto expresso através das contingências da formulação do "desejo" tal como descrevi. Nos casos em que o instinto, ou a pulsão, como se queira, é percebido como um conglomerado afeto-representação, visando diretamente o objeto, excluindo a figura paterna e sua lei da formulação, as modificações do ego são de outra natureza completamente diferente. Não se trata mais de partes ou de forças em contato, em interação, ou em oposição, podendo mesmo durante longo tempo dar a impressão de um motor imóvel, mas temos de encarar ilhotas separadas por falhas profundas. Nessas *personalidades em arquipélago*, a circulação das representações não é apenas importunada, mais ou menos obstaculizada, ela é impossível. Circulação implica a existência de uma ordem, de contornos e desvios, por vezes tão complexos quanto um labirinto, mas cujo traçado existe.

Aqui são possíveis apenas os saltos, as quedas, a sideração. E se porventura, como ocorre na clínica, a entrevista preliminar deixa em certos casos a impressão de que uma neurose de transferência – no sentido que mencionei – poderá se desenvolver, a experiência da situação analítica mostra mais ou menos rapidamente que tínhamos nos baseado sobre essa margem psiconeurótica, por vezes bem estreita, que recobre as organizações caracteriais ou psicossomáticas mais autênticas, porém permanece estranha ao verdadeiro regime da personalidade.

O instinto, escreve Freud a respeito dos fatores dos quais depende o sucesso terapêutico, "torna-se acessível a todas as influências provenientes de outras tendências do ego e não toma mais sua via própria para chegar à satisfação". Ora, na segunda classe de modificações do ego é justamente o contrário que tende a ocorrer. Seja porque o instinto procura apenas tomar sua própria via, seja porque ele permanece de alguma forma encapsulado, uma falha é traçada no ego que vê as partes assim constituídas correr o risco de serem rejeitadas uma em direção ao id e a outra em direção ao superego. A organização da personalidade psíquica não é mais ternária, mas binária. Poderíamos considerar nessa perspectiva o problema da resistência do id. Porém, sem querer estabelecer uma questão de palavra, é legítimo falar ainda de resistência quando não se trata mais de culpabilidade e de necessidade de punição situadas no campo das relações do ego com o superego? Diríamos antes de um obstáculo, e a referência às forças dissociativas é particularmente feliz.

Em conclusão, eu colocaria a questão do estatuto da terapêutica quando não houve uma verdadeira neurose de transferência e, consequentemente, a liquidação não pode ser logicamente abordada. Esses casos são, sabemos, cada vez mais numerosos. Eles impõem com frequência a introdução de parâmetros técnicos, algumas vezes verdadeiras modificações da técnica – que talvez vão de par com as modificações do ego. Mas trata-se ainda de psicanálise? Não se poderia falar antes de uma manipulação terapêutica psicanalítica a qual podemos, efetivamente, temer que permaneça sem conclusão?

Aliás, nos casos em que a neurose de transferência pode estabelecer-se plenamente, sua liquidação deveria conduzir ao fim definitivo do tratamento. Este, tendo então obtido um alcance mutativo, algo realmente mudou, como algo tendo se modificado com a "castração" no domínio da expressão das emoções e das representações, na linguagem. Então o sujeito pode entrar, para parafrasear uma fórmula célebre, na análise permanente que ele seguirá sozinho.

# 2.

# "Acting Out Direto" e "Acting Out Indireto" 1967

Os autores que estudaram o problema do *acting out* consagraram, com frequência, uma parte importante de seu desenvolvimento às questões de definição. Assim, recentemente, no último Congresso Internacional de Copenhague, Anna Freud teve o cuidado de precisar a história da noção de *acting out* e de articulá-la com os deslizamentos sucessivos da teoria psicanalítica. Ela sublinhava então a importância da primeira definição, segundo a qual o *acting out* estava ligado ao domínio preciso das neuroses do adulto; paralelamente, ela advertia contra um desconhecimento do alcance da extensão progressiva da noção, tanto do ponto de vista clínico quanto teórico.

É então com razão que Julien Rouart propõe distinguir claramente o *acting out de transferência*, ligado à situação analítica, dos atos impulsivos diversos, qualquer que seja seu eventual valor de repetição, e que se produzem em alguns sujeitos fora de qualquer tratamento psicanalítico. Esses atos repetitivos, que seriam principalmente atos de pacientes psicóticos ou pré-psicóticos, foram objeto de estudos precisos. Como Rouart assinala, percebeu-se sua função predispondo aos *acting out* que se produziriam no decorrer de uma análise ulterior. No geral, a propósito desses casos, o acento foi colocado sobre o ponto de vista genético;

sublinha-se a importância da regressão libidinal e o peso da oralidade, da qual detalhou-se as expressões clínicas etc. Contudo, parece-me que, ao expor os traços característicos desses atos, não se deixou à parte alguns deles. São as atividades rítmicas que apenas a fadiga coloca um fim, as atividades mímicas ou gestuais que, numa primeira abordagem, fazem pensar numa identificação e que, na verdade, são apenas imitativas, *duplicativas*, para retomar um termo que introduzimos com Pierre Marty e Christian David. Todos esses atos exprimem uma carência das atividades de representação, um defeito de formação simbólica (P. Blos, citado por Rouart), uma espécie de indiferença às qualidades do objeto; essas atividades rítmicas se situam fora das vicissitudes da libido e, ligadas a outras manifestações, às quais voltarei em seguida, definem um tipo particular de *acting out* que se produz no decurso de certas análises. Desse ponto de vista, pode-se considerá-las como *acting out de transferência*. No entanto, se não são superponíveis aos atos impulsivos puros, devem igualmente ser distinguidos, a partir de critérios clínicos e metapsicológicos, das formas "mais clássicas", das quais Rouart claramente ressaltou os aspectos significativos.

Para tornar meu propósito imediatamente preciso, direi que essas duas variedades de *acting out de transferência* são atos de sujeitos bem diferentes, que se pode distinguir claramente em função de seu comportamento em análise. Alguns, com efeito, implicam e desenvolvem uma autêntica neurose de transferência, enquanto outros apresentam apenas reações transferenciais, espécie de transportes. Tive a oportunidade de descrever esses dois tipos de sujeitos no colóquio consagrado ao texto "Análise Terminada, Análise Interminável"[1]. Por ora, lembrarei apenas a base dessa distinção: a faculdade de elaborar solidamente a categoria do passado. Compreendo assim um dos resultados da mudança fundamental contemporânea do Édipo (no sentido clássico) que tem valor de mutação e segundo o qual os eventos das fases anteriores do desenvolvimento são retomados, profundamente remanejados e reavaliados em termos de castração. Então, elabora-se um relato pessoal, original, que liga, transforma e associa os variados elementos, e que é bem diferente da simples

---

1 *Revue Française de Psychanalyse*, v. XXXII, 1968, n. 2.

"ACTING OUT DIRETO" E "ACTING OUT INDIRETO"

soma do que foi vivido. Os eventos reais cedem então definitivamente seu lugar a conjuntos em imagens cuja organização interna
não tem nada a ver com a ordem de sucessão, o primeiro passo
verdadeiro do indivíduo constitui-se assim. Na sequência, essa
atividade deve prosseguir indefinidamente, cada situação nova
sendo retomada numa descrição que se refere ao "primeiro passado" para completá-lo e propô-lo ao futuro. Essa faculdade não
estando presente, não há edificação da neurose de transferência,
a qual não deve ser considerada como uma morna repetição, mas
como uma verdadeira organização dotada de uma espécie de sintaxe e destinada a seguir uma trajetória de aspecto romanesco.

Eu me limitarei aqui essencialmente aos *acting out* dos sujeitos
que não desenvolvem uma verdadeira neurose de transferência.
Para distingui-los, eu os nomearei como *acting out diretos*. São
de fato personalidades bem particulares. O superego e o Ideal
do ego, efetivamente, não aparecem neles como herdeiros do
complexo de Édipo. Rudimentar, esquemático, essencialmente
destrutivo, o superego não tem nem as características nem a
função do superego, mesmo regressivo, com o qual nos confrontamos nas neuroses mentais. Aqui não tenho em vista as
organizações pré-genitais nas quais interveio, de maneira decisiva, a regressão da libido para os pontos de fixação. Trata-se,
pelo contrário, de engajamentos iniciais, tudo se passando como
se o instinto tivesse seguido uma via completamente diferente
daquela que toma nas psiconeuroses e que seria, segundo nossa
hipótese com Christian David, teratológica. Os pacientes que
fazem parte dessa classe parecem, com frequência, incapazes de
engajar uma transferência, eles permanecem à distância – longe
de qualquer obsessão – como se não estivessem concernidos
no plano libidinal. Alguns dentre eles, contudo, são capazes de
exprimir esporadicamente sentimentos intensos em relação ao
seu analista; emoções que, no entanto, não entram numa verdadeira organização, já que o objeto é visado diretamente, sem
mediação. De qualquer maneira, as representações instintivas,
quando elas se exprimem, permanecem sumárias; coladas ao seu
afeto elas fazem por vezes bruscamente irrupção na consciência, sem nenhum cuidado. De fato, a vida mental é sobretudo
regida por um funcionamento de tipo *operatório*. As modificações do ego são imóveis, existem como soluções de continuidade

na personalidade. O analista parece ser cada vez mais frequentemente confrontado com essa categoria nosográfica, que agrupa as neuroses de comportamento, certas neuroses de caráter, diversas afecções psicossomáticas.

Os *acting out* correspondentes dessas estruturas, *acting out diretos*, singularizam-se tanto por sua característica, suas circunstâncias desencadeantes, quanto por seu valor. Em primeiro lugar, somos confrontados à sua falta de especificidade real. Assim, em circunstâncias parecidas responderão *actings* diferentes e reciprocamente. O papel das situações exteriores reais é acentuado, mas, sobretudo, em relação à quantidade de excitação que suscitam e muito menos quanto à qualidade. Por vezes, trata-se apenas de uma modificação, qualquer que seja sua origem, de um equilíbrio mantido "graças" a uma evolução mórbida orgânica. É sempre marcado pela pobreza simbólica dessas situações, enquanto a urgência econômica se impõe. Os *acting out diretos*, atos simples ou complexos, têm um aspecto mecânico, iterativo, por vezes rítmico, com mais frequência desordenados, até mesmo paroxístico. Quando se trata de atos simples, penso que podemos associar a certas fugas por exemplo; em sessão, são os gestos automáticos que podem vir a ter uma certa importância, sem por isso escandir o sentido das palavras do analisado; por vezes é uma imobilidade paralisada e tensa que aparece, um aumento considerável do tônus muscular. Quando se trata de atividades, e não somente de gestos ou atos, é o estilo operatório de funcionamento do aparelho psíquico – sobre o qual voltarei posteriormente – que ganha o valor de *acting*. A racionalização intervém o mais das vezes muito limitadamente ou nem aparece; em certos casos, ela toma a forma de um *planning*, poder-se-ia dizer de um *acting* "de longa duração".

Observa-se que essa forma de *acting* representa essencialmente uma descarga, enquanto o papel de contrainvestimento, no sentido habitual do termo, é reduzido. A própria linguagem vê seu valor de descarga motora intervir de maneira decisiva (observação feita a respeito de certos *acting* impulsivos de adolescentes por P. Greenacre, citada por Rouart). O fenômeno é especialmente claro nos analisados que elevam a voz para acentuar tal palavra ou tal sílaba, pontuando por assim dizer todo seu discurso de maneira anárquica e sem que o que eles parecem sublinhar seja dotado de uma importância particular. Citarei ainda a utilização de uma palavra por uma outra independentemente de qualquer relação simbólica ou de realidade, o verbo tendo sido escolhido apenas em função de sua proximidade de momento e em vista de uma simples descarga.

O elo com a situação analítica é bem compreensível, pois esses sujeitos são particularmente sensíveis a tudo o que afeta o campo perceptivo, contudo de maneira não específica. As características reais do analista, tanto em seu *habitus* quanto em seu comportamento, interferem particularmente na medida em que são capazes de modificar o estatuto econômico do sujeito. Da mesma maneira, os aspectos estritamente formais das palavras do analista, intensidade da voz, duração das intervenções, repartição dos silêncios, constituem circunstâncias próprias a suscitar esses *acting*.

Nas suas relações com a história do sujeito, o *acting out direto* não retoma um elemento do *passado escrito*, como é o caso dos *acting* ligados à neurose de transferência. Ele retoma de maneira não específica um número limitado de sistemas já dominados pelo fator quantitativo e utilizados anteriormente em circunstâncias reais. O *acting* não é, a rigor, o equivalente de uma lembrança, mas antes o traço de uma ação que teve de ser igualmente dotada do mesmo aspecto mecânico. O *acting out direto* seria de alguma maneira a repetição da repetição.

Por vezes, um certo conjunto de energias implicadas nos *acting out diretos* parece ter uma qualidade libidinal, ainda que bastante regressiva. É originalmente distinto ou escapou ao destino do instinto próprio nesses casos? Difícil responder. Em todo caso, disso decorre seja uma modificação mais ou menos clara do quadro tipo que acabo de descrever, no sentido de um colorido mais dramático, seja a emergência de um *acting out*, bem próximo clinicamente do ato impulsivo e que se destaca claramente do regime habitual da atividade e dos outros *acting diretos*, nos quais está como que encaixado. O último tipo de *acting out direto* constitui sempre uma referência a uma situação antiga real e reatualizada, mas tem o valor de um grito, de uma exigência que se repete pura e simplesmente e que não entra numa construção implicando a presença de um terceiro. Como disse, as características objetivas do analista desempenham aqui um papel importante e tanto mais que o sujeito não dispõe absolutamente de recuo em razão da pobreza dos contrainvestimentos. Em certos casos, no entanto, essas características parecem tão pouco específicas que só seria possível conferir-lhes um valor de argumento, e se o *acting* tem um aspecto um pouco estranho ou deslocado, poder-se-ia facilmente aproximá-lo do *acting* descrito por Rosen, se bem que ele seja muito menos dramático que esse último, como se as forças implicadas fossem quantitativamente menores. Com efeito, mesmo quando não existe uma verdadeira neurose de transferência, o analista é, assim mesmo, objeto de reações transferenciais. Ele é como que englobado no mundo interno do analisado, se bem que perfeitamente reconhecido de fora. Assim, nenhum de seus aspectos poderia mudar, a não ser por iniciativa do paciente, já que qualquer mudança, por mínima e anódina que seja, é vivida por ele como uma alteração do seu ser. O *acting* parece ser assim uma reação às modificações do meio interior, cuja organização oniroide em particular se revela dependente de qualquer mudança exterior.

O papel defensivo eventual do *acting out* já foi assinalado múltiplas vezes. Assim, Rouart nos lembra oportunamente o valor de um investimento específico da motricidade para fazer frente a uma ameaça de despersonalização, como se certas alterações tivessem acesso essencialmente ao investimento das fronteiras do ego. De qualquer maneira, é evidente no caso de *acting out direto* que a defesa por passagem ao ato concerne mais os riscos de modificação do estatuto energético do ego do que a rememoração. O que aparece com mais evidência é, quaisquer que sejam as consequências, a exigência imperiosa de descarga cujo aspecto de ruptura é associado ao retorno a uma aparente nulidade ou estabilidade energética. Tais *actings* se produzem "para além do princípio de prazer", representam, na melhor das hipóteses, a compulsão de repetição.

Seria conveniente aqui confrontar minuciosamente o *acting out direto* com o *acting out indireto,* que ocorre nos sujeitos que viveram uma neurose de transferência. Limitar-me-ei a algumas observações.

Assim, de modo esquemático, os *acting out indiretos* correspondem às organizações cujo superego e o Ideal do ego são classicamente estruturados no estado fálico e ligados à destruição do complexo de Édipo. Os movimentos instintivos do analisado entram numa espécie de relato no qual a presença implícita de um terceiro assegura regularmente sua mediação ou sua reflexão. Os *acting out* têm aqui um aspecto de atividade organizada bem marcada. Sua elaboração constitui um verdadeiro relato condensado, altamente simbólico, que implica a participação imaginária de pelo menos três personagens. O papel da racionalização é importante e a participação de um contrainvestimento vindo do ego é fortemente acentuada. A defesa contra a rememoração não se apresenta simplesmente a partir do ponto de vista do deslocamento no atual e da repetição agida de uma situação antiga; trata-se, antes, do retorno de um relato esquecido, desconhecido e representado novamente sob uma forma disfarçada e quase teatral. A relação com a situação antiga é indireta e, se é claro que o *acting* é resultado de uma repetição, esta não parece produzir-se para além do princípio de prazer. A ab-reação e o esforço de domínio operantes, que não sejam pela palavra, permanecem de qualquer maneira no campo da libido, entre o ego e seus objetos. A ligação entre os diversos elementos que entram na constituição do *acting out indireto* sublinha o papel de Eros; a repetição visa ainda à realização de um desejo libidinal.

Para concluir, eu diria, então, que seria possível distinguir dois tipos de *acting out de transferência* e proporia articulá-los com a última teoria freudiana dos instintos. Muitos outros aspectos precisariam ser detalhados; permanecerei numa observação relativa às relações do *acting out* com a regressão. Sabe-se que a esse propósito a situação é ambígua. Contrarregressivo, pois homogêneo à corrente progressiva da excitação, o *acting* remete o sujeito a etapas anteriores de sua história, e a palavra ao processo primário. Contudo, o que parece mais importante é que implica uma regressão da energia do ponto de vista do seu estatuto: em parte ou inteiramente livre, dependendo se o *acting* esteja ligado ou não a uma neurose de transferência. Porém, ainda aí, impõe-se uma distinção; no caso do *acting out indireto*, estamos basicamente no campo da libido; no caso do *acting out direto* tem-se a impressão de que se trata de uma espécie de degradação qualitativa da energia, a qual, em busca de vias de descarga mais direta, parece obedecer apenas ao princípio de nirvana.

Essa derradeira noção, na minha opinião, poderia ser utilmente colocada em relação com aquela de *desorganização progressiva*, definida de bela maneira, recentemente, por P. Marty, e cuja elaboração, no plano teórico, decorre do estudo do funcionamento do aparelho psíquico em certos sujeitos cujo destino é marcado com frequência pela evolução, ruidosa ou escondida, de uma afecção orgânica.

# 3.

# O Mesmo e o Idêntico
# 1969

Não creio inútil sublinhar um contraste que se pode reconhe-cer sem dificuldade: os analistas estão de acordo sobre a noção *clínica* de repetição, enquanto a interpretação do fenômeno é sempre controvertida, podendo levar mesmo a confrontações apaixonadas. As ambiguidades, as contradições que se descobre em "Au-delà du principe de plaisir", que Freud, por sua parte, não dissimula em absoluto, indubitavelmente não são estranhas a essa situação. Sabe-se que apenas Ferenczi, Eitington e Alexander acolheram sem reserva os pontos de vista altamente especulativos desenvolvidos naquele trabalho. Freud, por sua vez, não hesitava em escrever "que a terceira etapa da teoria dos instintos não pode pretender à mesma certeza que as duas primeiras"[1]. Em *Inhibition, symptôme et angoisse*, ele mantém de modo explícito o valor, no campo clínico, da antiga dualidade instintiva. Enfim, por volta dos anos 1920, quando fica clara uma enorme decepção quanto ao alcance terapêutico da análise – fato que subestimamos, talvez –, Freud foi interpelado diretamente por Wilhelm Reich; a este que perguntava, bastante emocionado, se sua intenção era introduzir o instinto de morte enquanto teoria clínica, ele responde que "era

---

1    S. Freud, Au-delà du principe de plaisir, *Essais de Psychanalyse*, p. 75.

80  SEGUNDA PARTE

apenas uma hipótese", e o aconselhava assim a não se inquietar sobre isso e continuar seu trabalho clínico[2].

Nessas observações preliminares, vejo-me já na contramão das posições atuais mais comuns sobre a compulsão de repetição. Iniciativa delicada porque, se ouso dizer, o instinto de morte se comporta bem. Contudo, sublinho claramente, meu propósito não é de forma alguma reconhecer ou recusar a noção de instinto de morte, o que é frequentemente um ato de fé, mas de me desfazer dele antes de começar o exame do fato clínico. Com efeito, a ligação acordada e talvez tornada convencional entre compulsão de repetição e instinto de morte, sobretudo quando ela é avançada prematuramente, é responsável, na minha opinião, por numerosas dificuldades com as quais nos encontramos amiúde confrontados. A fim de corrigir o que poder-se-ia escutar aqui e para melhor precisar a perspectiva que adoto, direi que não rejeito a existência de manifestações, de comportamentos situados à margem do princípio de prazer. Muito pelo contrário, penso que existem fenômenos nos quais não há como questionar, mesmo no quadro de um compromisso, o cumprimento de um desejo reprimido. Na minha opinião, é necessário distinguir, de uma parte, as repetições classicamente regidas pelo princípio de prazer, como os sintomas neuróticos em que o reprimido ressurge, e, de outra parte, as repetições de uma ordem certamente diferente, mas não há necessidade de remeter, de imediato, a uma característica fundamental do instinto, ou à atividade de um instinto de morte, e isso mesmo quando teriam uma incidência letal.

A tese que quero expor se baseia numa constatação clínica que eu descreveria como uma oposição entre o "mesmo" e o "idêntico". Oposição artificial apenas aparentemente, pois já o dicionário destaca um dos sentidos de "mesmo", conferindo-lhe o valor de uma identidade aproximativa da ordem da similaridade ou da semelhança, enquanto o "idêntico" é relativo a objetos perfeitamente iguais e constituiria até mesmo, diz o *Dicionário Robert*, uma espécie de superlativo do parecido. Não seria possível confundir essa situação, na qual se retoma constantemente o mesmo texto, o mesmo relato para reescrevê-lo, com aquela em que se limitaria, como Bouvard e Pécuchet, a recopiar

2  W. Reich, *La Fonction de l'orgasme*, Paris: L'Arche, 1952, p. 106-107.

O MESMO E O IDÊNTICO

indefinidamente. No primeiro caso, a repetição implica sempre uma mudança, mesmo que ínfima. O "eterno retorno do mesmo" evocado por Freud não é, em absoluto, a repetição infinita do idêntico. Na situação analítica, a mudança que encerra a nova versão do que foi anteriormente enunciado, mesmo que limitado ao extremo, traduz sempre a existência de um trabalho importante, a interpelação do desejo incansável. Porém, voltarei adiante à profunda modificação econômica que se opera com o ato de repetição. Ressaltaria, agora, apenas um aspecto: a mobilização do contrainvestimento, a aliança *objetiva* entre a recusa pré-consciente e a atração exercida sobre a representação pelos protótipos inconscientes. A esse respeito, eu avançaria que essa atração não deve ser concebida unicamente como expressão da compulsão de repetição[3]. A representação não volta ao inconsciente para aglutinar-se com os ditos protótipos; primeiro ela irá para onde a energia circula mais livremente, a fim de retomar um novo elã. Pode-se então falar de uma recuperação energética. Por outro lado, esse movimento retrógrado é o tempo necessário para uma redistribuição das representações, que utiliza condensação e deslocamento e implica a presença de múltiplos termos. Diante dessa deformação das figuras destinadas a retornar com a finalidade de exprimir o jogo do desejo, pode-se falar de uma verdadeira dramatização inteiramente regida pelo princípio de prazer. Em nossas práxis, ao menos, seria imprudente conceber prematuramente as coisas de outra maneira. E isso mesmo nos casos em que o observável surge aparentemente como essas resistências, que fazem lembrar a reação terapêutica negativa e que se atribui não mais ao superego, mas à compulsão de repetição. Maurice Bouvet, bem como Glover, assinalou isso de maneira pertinente.

Lamentam quando as ilustrações clínicas estão ausentes, criticadas ou interpretadas diferentemente quando presentes. Correria o risco de avançar uma. O caso é o de uma jovem, em análise há bastante tempo, que desenvolve uma resistência tenaz, na verdade do tipo que relacionaríamos à compulsão de repetição, e da qual proponho descrever um dos aspectos. Constantemente, ou melhor, repetitivamente, a paciente se põe a contar interiormente: 1, 2, 3 etc. Por vezes, ela me anuncia, nem sempre, e esse

---

3    S. Freud, *Inhibition, symptôme et angoisse*, Paris: PUF, 1990, p. 88.

comportamento se reproduz indefinidamente. Para ser fiel ao que se passou, assinalar o papel da contratransferência nessas situações e o acaso que preside sua forma e intensidade, eu lembraria uma sequência de um poema de Armen Lubin que se pôs a martelar na minha cabeça, de maneira igualmente repetitiva. Trata-se, nessa obra, de uma fábula em que uma personagem conta. "Ele conta, conta, recomeça", escreve o poeta, que prossegue, "todas as aflições se chamam ausência, as aflições armadas de lanças". A repetição não me parece absolutamente penosa; um dia, em que essa cena foi representada de novo, a paciente me disse: "Contei até oito, normalmente eu conto até dez." Eis aí a mudança da qual falei. Respondi de imediato: "Faltam dois! Quem são eles?" – "O pai e o filho", ela me responde. Esta vez faltava um, o Espírito Santo, no sentido popular, e eu lhe disse. Ora, essa jovem, pela segunda vez no decorrer de sua análise, esperava uma criança. Gravidez à qual ela não havia jamais aludido de modo claro. Daí em diante, como se pode imaginar, o movimento da sessão precipita-se com a aceleração típica dessas situações. A fantasia subjacente torna-se precisa: ela está grávida por obra do Espírito Santo, isto é, prosaicamente, sem contato físico. É, pois, do analista que ela teria seu bebê, e logo aparece a figura do pai ausente, morto prematuramente durante a infância da paciente ("as aflições armadas de lanças"). Para mim não é possível, aqui, seguir os ricos desenvolvimentos ulteriores dessa sequência, mas posso dizer que houve uma reviravolta decisiva da análise. Não teria sido lamentável que o acaso tivesse vindo apoiar o sentimento, bem compreensível, que eu estaria confrontado com uma manifestação de compulsão de repetição? Assim, não creio que se possa sempre seguir Freud, quando ele declara que as tendências dos neuróticos à repetição na transferência são independentes do princípio de prazer[4]. Creio que assistimos, no trecho clínico relatado, não a uma repetição pura e indefinida, mas, na verdade, a uma nova elaboração do mesmo, além do mais suscetível de agregar a ela um aspecto da realidade. Disso penso ser possível encontrar, justamente em "Au-delà du principe de plaisir", uma outra ilustração. Freud, a fim de introduzir essa *tendência que se afirma sem levar em conta o princípio de prazer,*

4    Idem, *Essais de psychanalyse*, p. 27.

O MESMO E O IDÊNTICO

*colocando-se acima dele*, cita *Jerusalém Libertada*[5]. Mas quando o herói Tancredo corta em dois uma árvore, onde se refugiara a alma da sua bem-amada Clorinde, ele não repete o precedente. Ele faz ao mesmo tempo a mesma coisa e alguma coisa de completamente diferente do assassinato, que ele havia perpetrado ao matá-la, sem reconhecê-la, sob a armadura de um cavaleiro inimigo. Mudança de máscaras, mutação de substâncias, o que o poeta quis mais ou menos deliberadamente representar é uma série de transformações indo de uma figura, a do fato bruto, a uma outra figura, a de sua representação simbólica.

Como conclusão a este primeiro capítulo, lembro então que na ordem clínica o domínio do que estaria situado à margem do princípio de prazer deve ser, em princípio, reduzido tanto quanto possível, ou melhor, postergado. Isso pode ser concebido de diferentes maneiras. Penso, em particular, no que diz Maurice Bouvet: "o que faríamos se nós analistas não acreditássemos na noção de progresso, portanto, de mudança?"

Resta, no entanto, o que disse há pouco, que existe um domínio à parte, uma ordem da repetição situada além, ou antes, aquém do princípio de prazer. Eu me proponho a abordá-la independentemente de qualquer referência inicial ao instinto de morte e apenas do ponto de vista da oposição do "mesmo" e do "idêntico". Para fazer isso, preciso lembrar brevemente as posições que tive ocasião de expor no colóquio sobre "Análise Terminada, Análise Interminável" e no Congresso de Psicanalistas de Línguas Romanas de 1965 e 1967 sobre *acting out*[6].

Distingui então duas principais orientações da personalidade baseando-me na existência, ou não, de uma sólida elaboração da *categoria de passado*. Pelo termo "passado" não entendo a soma dos eventos vividos, mas sua *reescritura interior* – como no romance familiar – a partir de um primeiro relato. Utilizo o termo "relato" em razão da homologia de forma, de estrutura, entre essa história interior e uma elaboração romanesca. O primeiro relato, primeiro verdadeiro passado do indivíduo, é elaborado no momento do Édipo, isto é, quando todas as etapas anteriores são retomadas no quadro de um desejo desde então constantemente mediado e da problemática da castração. Tudo se

5   Ibidem.
6   *Revue Française de Psychanalyse*, v. XXXII, 1968, n. 2 e n. 5-6.

passa como se os eventos reais, uma vez atravessados, cedessem em importância ao relato interior que é feito e refeito. A partir daí, e ao longo da maior parte de sua existência, o sujeito continua elaborando dia a dia seu passado, ou seja, o precedente de verdade para os tempos futuros. E ele o faz baseando-se na descrição que dá através do estilo de suas atividades, de sua situação no mundo enquanto ser do desejo. Tal seria o destino natural das organizações ditas normais ou neuróticas: aquelas que na situação analítica estabelecem e desenvolvem uma verdadeira neurose de transferência, cuja evolução segue uma trajetória para chegar a um termo. Assim, quando essa categoria do passado não pôde se elaborar corretamente e uma espécie de cronologia tomou o lugar de um ontem romanesco, observa-se, nos casos extremos, essas *personalidades em arquipélago* que descrevi anteriormente[7]. Nessas configurações, por vezes assistimos ou a irrupções brutais de conglomerados afeto-representação ou à predominância de um regime de pensamento operatório ou, ainda, a uma imbricação de ambos. Essas situações estão fora da possibilidade de entrar no relato, o romance que constitui a neurose de transferência. Não se trata mais de questão de transferência, mas de transporte, a análise pode tornar-se interminável, pontilhada de *acting diretos*, mecânicos, reduplicativos, porque sempre idênticos, e dando o sentimento de uma repetição da repetição.

Penso estar agora em condição de definir melhor a tese que defendo aqui. Eu a resumiria esquematicamente assim:

Convém distinguir claramente dois tipos de fenômenos entre aqueles que são classicamente referidos à compulsão de repetição. Uns resultando em uma reprodução do "mesmo", e são o produto das estruturas nas quais a categoria do passado foi elaborada suficientemente. Os outros, resultando em uma reprodução do "idêntico", são o produto de estruturas nas quais essa elaboração é falha.

Tratei de distinguir claramente o "mesmo" e o "idêntico" para passar rapidamente às características formais desses dois tipos de repetição. Diria, então, apenas uma palavra antes de abordar seu exame metapsicológico. Com certeza o retorno repetitivo do que foi anteriormente enunciado implica naturalmente negligenciar,

---

7   Cf. supra, "Transferências e Neurose de Transferência".

O MESMO E O IDÊNTICO

até mesmo ignorar, as mudanças que ele guarda. Mas, para terminar, não se pode confundir a repetição do "mesmo" que, em sua variante escondida, implica numa rememoração, a qual se exprime em circunstâncias variadas num estilo por vezes atenuado, com a repetição do "idêntico". Nesta última eventualidade, o valor de rememoração é nulo; pode-se reconhecer aí uma identidade estranha do tom de voz; descobre-se então estereótipos verbais, tiques de linguagem e mesmo a utilização de um estilo direto estritamente reprodutivo, dando o sentimento de uma disposição permanente no sujeito de permutar topicamente seu lugar com o do objeto. Para além das primeiras aparências, essa forma de repetição difere fundamentalmente daquela à qual Verlaine faz alusão num poema. Porque no poema trata-se de um sonho, precisamente de um sonho repetitivo, do retorno constante de uma mulher desconhecida, que ele ama e por ela é amado, mas que a cada vez não é exatamente a mesma nem completamente outra.

Correndo o risco de apresentar apenas um esquema, pretendo fazer um exame metapsicológico. Começarei pela repetição do "mesmo". As forças aí presentes aparecem mais ou menos matizadas em sua intensidade e sobretudo variáveis quanto à direção. Aquelas que emanam do inconsciente encontram, arriscaria dizer, como num diálogo, aquelas que pertencem ao contrainvestimento. Esse jogo, que afeta o aspecto de uma história desenvolvida, está inteiramente situado na esfera psíquica. No interior desse dinamismo complexo, a mudança observável depende, mais do que de uma simples adição, da elaboração de um novo relato a partir de dois relatos, todos os três relatos, no entanto, quase semelhantes. A exigência econômica, seguramente bem presente, não parece espetacularmente imperiosa e, sobretudo, a presença de contrainvestimentos confere à repetição um ritmo mais complexo, mais evolutivo, como a serviço, em primeiro lugar, de uma temporização. A instalação da tendência à descarga desempenha um papel-chave na construção das repetições, que poderíamos observar sobretudo do ponto de vista de uma redistribuição bem discreta e bem progressiva dos investimentos. Quanto à *sucessão* das repetições do "mesmo", com as descargas que lhe são inerentes, ela desenha uma trajetória. Por isso, pretendo assinalar que não estamos diante de uma série simples de movimentos perfeitos de idas e vindas.

86 SEGUNDA PARTE

Com efeito, produz-se uma diferença bem progressiva a cada repetição, estabelecendo marcos da trajetória à qual me refiro. De uma repetição à outra, a configuração econômica é insensivelmente modificada, mas, mesmo assim, modificada. A ingrata conceptualização metapsicológica é apenas outra leitura do que é clinicamente observável. Assim, se me refiro ao fragmento clínico que apresentei, podemos constatar que as redistribuições dinâmicas e econômicas podem ser diferenciadas no discurso e comportamento da paciente. Ela contava, fazendo disso um estado de iminência ou de retardamento. Uma fórmula tal como "não tenho nada a dizer" podia anteceder, de alguns segundos ou alguns minutos, um gesto de mão, que podia acompanhar ou substituir a ação de contar, e isso para significar um "é isso aí", ou "eu não quero". O tom da voz, numa primeira abordagem perfeitamente igual de uma repetição à outra, era de fato marcado de matizes bem variados, indo do desafio à resignação; matizes variados, mas tão discretos que apenas posteriormente tornavam-se sensíveis, por exemplo, quando uma variação mais importante vinha a se produzir, quase uma diferença. Foi assim quando a paciente declarou: "Contei até oito, normalmente eu conto até dez." Situação que, como vimos, exprimia uma verdadeira elaboração romanesca, o relato de um desejo em que as figuras sucessivas, que se solicitavam e se recobriam, permaneciam escondidas, em suma, um verdadeiro trabalho em que seu autor, toda intenção excluída, estava, contudo, presente. Eis então o motivo pelo qual eu não hesitaria, para evocar o motor desse trabalho, em retomar a expressão *compulsão de simbolização*, proposta por Georg Groddeck ao definir uma força que pertence ao sujeito, mas que este não tem a seu dispor, força que é o inconsciente, eu diria no inconsciente[8].

Examinemos agora a repetição do "idêntico". O contraste é evidente. E, para começar, podemos notar um esboroamento das distinções tópicas. Com efeito, a repetição aqui se insere no quadro de uma "transferência" bem diferente daquele da neurose de transferência, que é do domínio da repetição do "mesmo". A repetição do "idêntico" pode assim pertencer tanto a um id desnudado, que não pode ser confundido com o inconsciente psíquico, quanto

---

8   G. Groddeck, *La Maladie, l'art et le symbole*, Paris: Gallimard, 1969, p. 274.

O MESMO E O IDÊNTICO

a uma espécie de realidade sensível no seio da qual, contudo, a fronteira separando o interior do exterior é incerta. Disso pode decorrer, por exemplo, as repetições que eu ousaria dizer imitativas, onde uma certa característica das atividades percebidas no objeto é englobada para ser em seguida reproduzida fielmente. O que tenho em vista, aqui, é o apagamento da tópica, que me parece aplicar-se melhor a esta afirmação de Freud, em *Analyse terminée, analyse interminable,* na qual ele fala de resistências que não podem mais ser localizadas, mas parecem depender de relações fundamentais no aparelho psíquico. As forças em ação, nessa repetição do "idêntico", singularizam-se por sua orientação perseverante numa mesma direção. Não se pode observar o jogo que descrevi a propósito da repetição do "mesmo" com a retomada momentânea de uma livre circulação de energias nos sistemas superiores, seguida de uma ligação com as representações inconsciente de uma maneira que constitui um relato. Na repetição do "idêntico", a maior proximidade possível da sensório-motricidade parece sempre ser o alvo. O que acabo de expor se exprime de maneira infalível. E se ainda fosse necessário fazer referência a um fenômeno da natureza do contrainvestimento, seria preciso situar este, por assim dizer, fora do sujeito, ou no seu organismo físico, o qual tem sempre parcialmente uma situação ambígua pelo menos de extraterritorialidade. Aplica-se também aqui a expressão de Michel Fain: "a pobreza da elaboração é companheira de miséria do automatismo de repetição". Atividades de representação, de simbolização empobrecidas, condensação, deslocamento e dramatização rudimentares, pode-se conceber que as energias imperfeitamente ligadas deem a sensação de que elas poderiam transbordar. O valor da tendência à descarga da repetição é acentuado. A repetição em questão é aquela de uma experiência de descarga, em que o econômico domina absolutamente; é uma espécie de zerar, com frequência traduzida por um esgotamento. O princípio que rege essa forma de repetição é uma evidência, é o princípio de inércia ou, se quisermos, o de nirvana. A esse propósito, devo dizer que não sigo a interpretação que faz do princípio de nirvana o equivalente psicanalítico do princípio de constância. Se quisermos estabelecer as equivalências, ou as filiações, eu adotaria por uma parte aquela que reúne princípio de constância e princípio de prazer, e, de outra parte, aquela que reúne princípio de inércia e princípio de nirvana. Nessa perspectiva, a distinção é novamente clara entre a repetição do "idêntico" e a repetição do "mesmo", em que o jogo no equilíbrio dos investimentos, as descargas limitadas e diferenciais traduzem o efeito do princípio de constância, isto é, de prazer. Convém aqui introduzir algumas observações referentes ao uso do termo "viscosidade da libido". Passemos sobre a dificuldade de admitir uma qualidade substancial. Permanece em todo caso que se, de uma parte, pode-se considerar que a repetição do "idêntico" testemunha o que seria o equivalente de fixações mantidas em virtude de uma viscosidade particular da libido, observa-se, de outra parte, que no ato de repetição dessa libido ao transbordar mostra uma singular fluidez. Além disso, parece-me delicado, do ponto de vista da lógica, associar de uma parte a compulsão de repetição a uma qualidade definida (a viscosidade) de uma energia (a libido), e de outra parte ligar essa mesma compulsão de repetição ao instinto de morte, sem dúvida, então, a uma outra energia. A aporia não é, sem dúvida, tão abrupta quanto parece. Concedo. Porém, isso me incita a aventurar-me um pouco por minha vez e avançar que, na repetição do "idêntico", poderíamos constatar, sobretudo paralelamente à mudança do regime energético descrito, uma espécie de mutação do valor qualitativo da energia (estaríamos de alguma maneira numa situação comparável àquela colocada pela confrontação das definições tópica e funcional do inconsciente). Mutação do valor qualitativo da energia: faço alusão a uma alteração mais ou menos importante, por vezes extrema, das características libidinais da energia e não a uma outra energia. É assim que a tendência à descarga pelas vias mais diretas se estabelece. De resto, a questão se coloca até mesmo de saber o que pode subsistir de energias disponíveis para manter ou implicar um investimento de tais representações próprias a agregar-se na elaboração de um desejo. A crítica da noção de viscosidade da libido exigiria certamente um exame aprofundado. Contudo, essa noção me parece principalmente concernir às fixações que podem ser referidas apenas a partir do princípio de prazer. Na compulsão de repetição, aquela se situaria além do princípio de prazer, a energia, de frágeis características libidinais, parece, com efeito, relativamente inapta a encontrar um complexo de representação, a *manter-se aí* tempo suficiente

O MESMO E O IDÊNTICO

para que o processo prospectivo de dramatização possa efetuar-se. A energia aí apenas se acumula e se descarrega. Poderíamos falar de uma excessiva fluidez. O modelo de Lorenz, citado por Claude Hollande e Michel Soulé[9], fornece uma boa ilustração desse regime, no qual a linguagem do econômico parece a única válida, quando o retorno da carga ao ponto zero tornou-se o mecanismo dominante. Aqui nos confrontamos com uma exigência imperiosa do tipo da necessidade, a repetição de uma experiência de descarga; uma necessidade sempre idêntica na sua indiferenciação da necessidade anterior e curto-circuitando a memória.

Não é possível tratar da compulsão de repetição sem abordar o problema da memória, que está sempre profundamente implicado. Eu me limitarei, contudo, a algumas observações, sabendo que seria necessário proceder a um exame aprofundado do texto de Freud, *Remémorer, repéter, élaborer*, mas não é o caso de fazê-lo aqui. Direi apenas que, se é legítimo opor repetição à rememoração, é pelo menos igualmente importante interrogar-se sobre o valor da rememoração que ocorre, ou não, na repetição, quer se trate de um comportamento ou um *acting*. Em outros termos, pode-se falar de rememoração quando o repetido retoma uma sequência do passado elaborado sob forma de relato. É o caso. Por exemplo, cito Freud, dos eventos da primeira infância que ocorreram sem terem sido compreendidos e que foram *compreendidos e interpretados* posteriormente[10]. Acrescentarei: e que foram objeto de dramatizações sucessivas das quais as lembranças encobridoras constituem suas marcas. Além do mais, quando essa referência orgânica ao *passado teatral* não ocorrer, não se pode falar efetivamente de rememoração. É o caso da repetição do "idêntico" para a qual Freud, na minha opinião, nos deu uma espécie de modelo. É no texto de 1921, *Rêve et télépathie*, que Freud escreve:

um sonho sem condensação, distorção, dramatização e sobretudo sem realização de um desejo, não merece seguramente esse nome [...] Existem *outras* produções mentais no decorrer do sono às quais deve-se recusar o direito de serem chamadas sonhos. As experiências diurnas atuais são

---

9  C. Hollande: M. Soulé, Pour introduire un colloque sur la compulsion de répétition, *Revue Française de Psychanalyse*, v. XXXIV, n. 3.

10  S. Freud, *De la technique psychanalytique*, Paris: PUF, p. 107-108.

90 SEGUNDA PARTE

por vezes simplesmente repetidas em sonho [...] o sonho puramente telepático responde a uma percepção de alguma coisa de exterior, frente à qual o psiquismo fica passivo e repetitivo[11].

E como acabo de citar Freud ainda uma vez, vou reconhecer e assumir uma nova repetição, fazendo referência novamente a ele para rever o que descrevi até aqui. Talvez se possa ressaltar que a oposição que expus entre o "mesmo" e o "idêntico" coincide em vários aspectos com uma oposição que Freud definiu e sobre a qual jamais voltou: psiconeuroses e neuroses atuais. Ora, as neuroses atuais são, de sua parte, estreitamente ligadas à neurose traumática, a qual constitui precisamente um dos pontos de apoio clínico da última formulação de Freud sobre a compulsão de repetição. Mesma carência das atividades de representação nos dois casos, mesma prevalência do fator quantitativo, representado ou por poderosos estímulos exteriores ou por uma excitação somática. Assim, traumatismo e fatores atuais se equivaleriam, e, tanto num caso como no outro, um mesmo perigo de ruptura do *Reizschutz* (para-excitação). A compulsão de repetição, no sentido pleno do termo, seria então apanágio de um tipo de personalidade exposta a desenvolver neuroses atuais? Formulação sem dúvida demasiado peremptória à qual poder-se-ia opor um argumento clínico, a saber, que existem autênticas estruturas neuróticas nas quais constata-se por vezes verdadeiras repetições do "idêntico", ou, ainda, uma tendência operando nesse sentido. Mas a isso é fácil dar uma resposta e é Freud, uma vez mais, que fornece o material quando, por exemplo, em *Introduction à la psychanalyse*, afirma a existência de um núcleo de neurose atual no centro da psiconeurose[12]. No entanto, é Wilhelm Reich, a quem me refiro agora, que deveria desenvolver mais amplamente essa tese[13]. Para ele, a estase libidinal, constante ainda que variável, constitui um verdadeiro fator atual. Ela interviria duplamente. Primeiro, induzindo fixações parentais a partir das quais se elabora a problemática incestuosa que dará à psiconeurose seu conteúdo. A seguir, ao alimentar diretamente, por outra via, o núcleo da neurose atual, que fornece à

11  Idem, *Dreams and Telepathy*, S.E., xviii, p. 208.
12  Idem, *Introduction à la psychanalyse*, Paris: Payot, p. 418.
13  W. Reich, *La Fonction de l'orgasme*.

psiconeurose o essencial de sua energia (esquema 1, de Reich). Parece-me que o elo, se posso dizer assim, que reúne a neurose ao seu núcleo atual é suscetível, em certas circunstâncias, de se desfazer mais ou menos. E o núcleo, de se exprimir então diretamente (esquema 2).

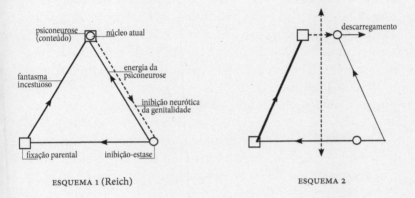

ESQUEMA 1 (Reich)                ESQUEMA 2

Não se observou, muito amiúde, a existência de sintomas ditos atuais ao lado dos sintomas neuróticos clássicos em quase todas as neuroses? Essa dissociação, fenômeno essencialmente energético, do núcleo atual e da neurose seria uma eventualidade evolutiva sempre possível, podendo aparecer a todo momento, por exemplo, sob o impacto de fatores traumáticos. Além do mais, existem personalidades que são construídas baseadas nessa dissociação, o que constitui, de alguma maneira, sua característica fundamental.

Em todo caso é possível, a partir desse esquema, nos darmos conta de certos fatos clínicos. Penso, em particular, nessas análises que se desenvolvem de maneira paradoxal. Elas parecem progredir normalmente no que concerne à elaboração dos complexos de representações, contudo, por outra parte, elas parecem esquálidas, como que esvaziadas de substância. O trabalho analítico toca a supraestrutura pouco investida, e seríamos tentados a dizer de tais pacientes que eles não dispõem de uma libido bastante rica, enquanto em paralelo, profundamente, uma energia considerável se acumula e se descarrega, com frequência de maneira obscura, nas repetições do "idêntico" comportamentais ou mesmo orgânicas e de todo modo escondidas.

A questão se coloca então, para terminar, na origem dessas orientações de personalidades, que são dominadas pela repetição do "idêntico". Eu me daria o direito de formular bem esquematicamente minha hipótese, que me reservo a desenvolver em outra oportunidade. Diria que nos casos em que se pode legitimamente evocar a incidência decisiva da compulsão de repetição, não é o caso de se referir, em princípio, a uma qualidade especial da libido, a viscosidade, tampouco à intervenção de um instinto de morte. De fato, nos confrontamos com certo tipo de organização, mais precisamente algo que se insere no curso do desenvolvimento do indivíduo. Pode-se conceber que isso se constitui em dois tempos, pelo menos. O segundo, vimos, é o afrontamento do Édipo e sua destruição, a constituição, pois, do primeiro verdadeiro passado do indivíduo. O primeiro tempo, do qual todos os outros dependem evidentemente, deveria estar situado no momento do fracasso da satisfação alucinatória e com a instauração da prevalência progressiva do princípio de realidade. Sabemos que, com a aparição desse último princípio, uma atividade particular se destaca, independente da prova de realidade e submetida apenas ao princípio de prazer: a fantasia. Postularei assim a intervenção decisiva nesse tempo de um fator traumático, provavelmente real, ainda que de natureza variável. O traumatismo, por intermédio de um mecanismo preciso – talvez a rejeição (*Verwerfung*)[14] –, dissocia a relação necessária entre a representação do real e a fantasia, destruindo ou inibindo severamente esta última. Daí decorre que as bases dinâmicas da constituição do passado, tal como defini, são alteradas. Nenhum romance familiar verdadeiro, por exemplo, será capaz de se elaborar, a via neurótica, a da repetição do "mesmo", está barrada, enquanto domina, progressivamente, a reduplicação do "idêntico".

---

14  Poderíamos aproximar o que tenho em vista aqui da noção lacaniana de *forclusão*.

# 4.

# Afeto e Processus de Afetação
# 1970

Em seu trabalho considerável, cuja extensão e profundidade inspiram respeito, André Green convida-nos, verdadeiramente, a uma espécie de percurso através de todo o edifício psicanalítico, e penso que no seu relatório existem poucos pontos relativos ao tema que lhe tenham escapado[1]. Pode até ser que ele tenha ido bem além, se é que existe alguma faceta do edifício que não se articula de uma maneira ou de outra com a questão do afeto. Sendo assim, é evidente que, no momento de falar de um tal trabalho, devemos permanecer conscientes do caráter arbitrário do ensaio, do fato de que ao sobressaltar tal ou tal ponto, arriscamos negligenciar necessariamente muitos outros, talvez os mais importantes. De minha parte, fui levado a deter-me, em particular, numa das noções propostas por Green, a de "processo" ou de *processus,* que, sendo bastante genérica, parece-me ter o duplo mérito de ser fecunda no plano teórico e corresponder de modo incontestável à realidade clínica.

---

1 Relatório de André Green, "L'Affect", apresentado no XXX Congrès des Psychanalystes de Langues Romanes (Paris, 1970), primeiro, publicado na *Revue Française de Psychanalyse,* v. XXXIV, n. 5-6, e depois retomado em livro sob o título A. Green, *Le Discours vivant,* Paris: PUF, 1973. Os números de página aqui indicados remetem à primeira publicação.

94 SEGUNDA PARTE

Independentemente das reflexões diretas que lhe são consagradas, essa noção impregna literalmente o trabalho de Green, mas ela se afirma, paulatinamente, de acordo com o desenvolvimento, desenhando uma trajetória visível. Mencionarei apenas alguns momentos: a definição categorial de afeto (p. 15), a dupla definição que trata da afetação energética das representações (p. 177) e, enfim, a de trabalho (p. 211). Sublinharei também um termo-chave introduzido de passagem, o de psiquização (*psychisation*, p. 182), que é admiravelmente ilustrado, num movimento invertido, por uma sequência de proposições indo, por exemplo, de "Refleti que minha conversa com meu amigo Pierre me abriu horizontes sobre as razões de meu apego por A", a "Meu corpo é como se fosse um peso morto [...] tudo é estranho [...] tenho um véu diante dos olhos" (p. 189).

Desse modo me proponho a ressaltar alguns aspectos do processo para seguir as consequências e, a partir daí, formular uma espécie de hipótese geral sobre o afeto. Uma hipótese, claro, que não posso desenvolver realmente nos limites de uma intervenção e, assim, por conseguinte, definirei apenas as linhas essenciais; mas essa é uma hipótese na qual creio poder me deter, na medida em que ela dá lugar a questões aparentemente apenas terminológicas, dando conta positivamente da oscilação do pensamento de Freud diante da ideia de afeto inconsciente.

Antes de tudo assinalarei que, ao longo de todo o relatório de André Green, impõe-se a ideia de que o afeto está ligado à noção de pesquisa, de continuação. Eis o motivo pelo qual, indubitavelmente, o autor consagra algumas páginas ao estudo das nuances semânticas. De fato, o afeto é algo que advém, que encontra seu lugar numa trajetória, e ganha todo seu valor ao término do que eu denominaria um *processus* de afetação, para designar o aspecto dinâmico, a orientação em direção a um objetivo, que confere ao fenômeno seu caráter específico. Desse ponto de vista, o uso do termo "afeto" *em geral* pode ser questionado: primeiro porque se apresenta como o todo do qual ele é apenas uma parte; em seguida, porque, em virtude de seu valor substantivo acentuado, ele tende a brecar, fixar alguma coisa essencialmente móvel, confundindo, na mesma ideia, modalidades de funcionamento psíquico completamente diferentes. Espero mostrar que não se trata de um simples debate a respeito de palavras, mas de questões sérias, pois

AFETO E *PROCESSUS* DE AFETAÇÃO

elas dizem respeito à posição tópica do afeto, à oposição afeto do ego-afeto do id, à noção de afeto inconsciente etc. Por um lado, Green nos diz que "a essência do afeto está fora da linguagem, mas que ele pode se deixar exprimir por ela", de outro lado, ele nos lembra também que "o ego tem por função ser o lugar onde o afeto se manifesta, ao passo que o id é o lugar onde são enfeixadas as forças que vão lhe dar origem". O afeto só encontra, então, uma definição completa ao final do percurso seguido pelas forças das quais ele pode proceder. O percurso, ou *processus* de afetação, como proponho denominar, deve concernir todos os sistemas psíquicos, enquanto o próprio afeto permanece estreitamente ligado à consciência ou, mais exatamente, ao sistema percepção-consciência, para levar em conta as articulações verbais, os elementos motores e as sensações. "O afeto", segundo Green, "é o olhar sobre o corpo emocionado, ele está tomado entre o corpo e a consciência." Nesse sentido, e na visão da teoria, porque para a *práxis* a noção é perfeitamente legítima, não existiria a rigor afetos *inconscientes*. Os famosos "germes em potencial", os *Affektbildungen* dos quais fala Freud no *Écrits métapsychologiques*, deveriam ser considerados etapas originárias do *processus* de afetação, dos momentos primeiros no sentido natural e mecânico. Possivelmente, é a isso que Green faz alusão – espero não alterar seu pensamento – quando menciona uma certa categoria de afetos surgidos do interior do corpo por uma elevação súbita do investimento, nascida sem o auxílio da representação (p. 177). Da minha parte, penso que o tempo elementar de uma elevação do nível de investimento, no mais profundo do aparelho psíquico, existe, quaisquer que sejam os fatores desencadeantes, incluindo mesmo a confrontação com uma representação Cs. De todo modo, o afeto no seu sentido preciso, isto é, delimitado, inextricavelmente ligado à existência de um ego para afetar (p. 166), só encontra lugar tardiamente na trajetória do *processus* de afetação, lugar que, mais ou menos completo, mais ou menos complexo, supõe a dissociação dos conglomerados primitivos, e, ao fim, lugar de novas articulações e dissociações. Trata-se assim de um movimento progressivo de diferenciação, que pode parar no trajeto em consequência dos imprevistos das articulações entre sensações, representações de coisas e representações de palavras. Completamente desenvolvido, quase no sentido de uma maturação, o afeto só pode ser concebido na sua relação com a memória, poderia mesmo ser apenas no sentido estrito da lembrança, de uma lembrança de uma experiência, ou melhor ainda, da lembrança de uma elaboração tendenciosa efetuada no passado. A esse propósito, atribuo grande importância à observação de Green, segundo a qual "nenhuma noção está mais diretamente ligada à dimensão histórica do que o afeto" (eu acrescentaria, contudo, com a condição de que não seja concebida como puro registro de fatos). Aliás, quando a trajetória não é cumprida completamente, as qualidades próprias do afeto não se afirmam mais com tanta clareza, porque então ocorrem diferenças entre sensações e representações que podem, por vezes, ser de ordem funcional. Por exemplo, o paciente chora sem saber o motivo, ou melhor, quase sem saber. Nesse caso, Green assinalou, o afeto tornou-se sobretudo uma defesa contra a representação. Ocorre também – isso me apareceu sobretudo no luto – que ele seja uma defesa contra o desenvolvimento de um outro afeto. De todo modo, a relação com o sistema percepção-consciência é preponderante e acentuaria a importância da noção de sensação, como Green o faz, em particular no exame crítico do manuscrito G (p. 23). Assim, eu me detive nas noções de afeto do id e do afeto do ego, bem como na noção de afeto inconsciente, porque mesmo se separamos, como é conveniente, as manifestações onde o econômico prevalece sobre as manifestações mais complexas, onde o trabalho de representação é mais amplamente implicado ("efeito de simbolização", no sentido de Green), mantém-se o fato de que a distinção entre os dois tipos de afetos deve depender essencialmente do grau de estabilidade do investimento do ego e a relatividade de seu poder de inibição. Nos dois casos, contudo, nos encontramos numa mesma ponta do *processus* de afetação, um limiar foi ultrapassado.

Duas noções, nas quais Green se deteve, a "descarga" e o "regime econômico", podem esclarecer a passagem da acessão ao afeto registrável pela consciência e, assim, ao afeto propriamente dito. Na minha opinião, essas duas noções devem ser levadas em consideração, sendo aptas a retirar às distinções tópicas e estruturais o que elas poderiam ter de facilmente esclerosado (eis um ponto que já tive oportunidade de tratar)[2].

2    Cf. supra, "A Experiência do Inconsciente".

AFETO E *PROCESSUS* DE AFETAÇÃO    97

Os afetos, escreve Freud, correspondem aos *processus* de descarga. E, além, "Os investimentos pulsionais *buscando*[3] a descarga é, a nosso ver, tudo o que há no id". Essa formulação está de acordo com um enunciado mais antigo, onde ele diz que o núcleo do inconsciente é constituído pelas representações que *querem*[4] descarregar seu investimento. Penso ser conveniente sublinhar os verbos *buscar* e *querer*, porque eles subentendem que, a partir de um certo enraizamento somático, uma certa quantidade orientada chocou-se com um obstáculo, e que a descarga dessa quantidade só pode efetuar-se num outro lugar, distinto de onde ela nasceu. O obstáculo – seria demasiado longo ser tratado realmente aqui, mas é provável que ele seja considerado um contrainvestimento primário, e o elo com Eros causaria um desvio – seria, então, para se discutir. Quanto à descarga, é necessário lembrar que ela é distinta da livre circulação de energia; essa só exprime justamente a busca da descarga? Deslocamento e condensação representam apenas a busca da energia, seu movimento em vista de uma saída. Ora pode ser uma descarga fracionada, isto é, implicando paralelamente toda uma série de ligações, um reagrupamento de sensações, representações e diversos efeitos motores, onde se esgota o *quantum* energético restante; ora é uma descarga maciça – a efração no ego da qual fala Green – que curto-circuita todo o trabalho, articulando as diversas representações para desembocar em modificações funcionais acompanhadas de uma tendência a uma liberação pelo ato, ou pela ação. Ação que, de resto, pode ainda retraçar uma certa história mais ou menos esquecida. Enfim, quando o nível do ato é ele mesmo curto-circuitado, o destino do *processus* de afetação não permite falar de afeto, porque ele pode ser absolutamente silencioso. As forças implicadas, não tendo adquirido nenhuma qualidade, contribuem a uma espécie de excitação pura, que tende a descarregar-se no orgânico, lugar onde o *processus* se engaja e que tem para o aparelho psíquico o mesmo valor que o mundo exterior. Essa espécie de ir e vir que ejeta o corpo mesmo e representa o trajeto mais curto, impõe fortemente a ideia do princípio de inércia ou de nirvana. Reconhecer-se-á aqui certos aspectos do que se costuma chamar de ordem psicossomática, contudo, acrescentarei que,

3    Grifo do autor.
4    Grifo do autor.

mesmo em caso extremo, é por vezes possível observar alguma coisa de equivalente a uma qualidade: Trata-se da *raiva* com suas relações estreitas com a restrição, a frustração e a agressão.

Assim, contrariamente a André Green – mas isso permanece um ponto de discussão –, eu absolutamente não concebo, tendo em vista minhas premissas, que a descarga possa se realizar no lugar mesmo em que a tensão nasceu, isto é, no id, a menos que se estenda ao extremo seus limites, como queria Groddeck, ou ainda problematizar as distinções tópicas e estruturais, como disse há pouco acreditar ser útil.

É aqui que intervém a noção de *regime econômico*, que me parece capital e à qual consagrei bastante atenção num trabalho anterior. Green tampouco negligenciou essa noção e nossos pontos de vista se encontram novamente, quando ele sublinha que o ponto de vista econômico não se limita ao aspecto quantitativo, mas que é necessário levar em conta a transformação do estatuto da energia, de sua passagem da livre circulação à ligação. Nessa perspectiva, o afeto, no sentido estrito que lhe dei no *processus* de afetação, nasce no decurso de um momento preciso, naquele de uma experiência econômica definida por uma retomada da livre circulação da energia à qual ela está normalmente ligada – estando excluído o domínio das pequenas quantidades implicadas em particular na prova de realidade, o julgamento etc. Tudo se passa como se as leis do *processus* primário tivessem vindo subitamente, ainda que brevemente, reger o sistema superior. A acessão limitada e momentânea de uma livre circulação da energia a esse nível, ao mesmo tempo emociona e permite ligações qualitativas novas. No início, a situação é sem dúvida comparável àquela onde a quantidade transborda no ego, como Green descreveu, mas onde graças ao poder de inibição do ego, ela evolui num registro diferente. Pode-se dizer que a memória está realmente implicada na experiência, implicada e alimentada pela constituição de novos traços mnésicos (só se lembra do que nos tocou).

É aqui que retomo um dos aspectos da noção de "psiquização" introduzida por Green. Se o afeto nasce antes que novas ligações se estabeleçam, no momento em que a "separação econômica" entre os diversos elementos de um complexo de representações é justamente suspensa, concebe-se que não está mais apenas ligado a um *quantum*, mas também a modificações de *regime* energético. Consideradas desse ponto de vista, observa-se uma vez mais quanto as fronteiras entre os sistemas psíquicos são fluídas. Numa espécie de pulsação, que é a vida propriamente dita, as distinções tópicas são colocadas em questão, remanejadas. Trata-se então, na minha opinião, de um tempo primordial do *processus* de afetação, que precede e anuncia a emergência iminente do afeto propriamente dito, este sendo especificado a partir de um estado próximo da despersonalização, onde o que tem a ver com o corpo, com a emoção, com a sensação, com o abalo, com a mudança, encontra-se entrelaçado. Evidentemente, esse estado não tem as mesmas conotações que os acessos dramáticos da neurose de despersonalização; por mim, eu tenderia a considerá-lo como a fase central do *processus* de afetação, que conduz enfim ao afeto suscetível de todas as nuances. Assim, as emoções vividas na despersonalização não podem ser colocadas no mesmo plano que os afetos, pois eles são apenas os tempos primeiros e necessários. São momentos fugazes, com frequência, no limite do indizível, mas que não são ausentes, mesmo recobertos no momento pelo próprio afeto que rejeita, assim, o que permitiu seu nascimento. O tempo da despersonalização poderia corresponder ao que Green denomina o *evento* no seu modelo teórico. Para ele, efetivamente, trata-se de uma ruptura numa trama, de um momento em que se condensam experiências diversas nas quais o "arrebatamento" é regular e fonte de inquietante estranheza.

Reconheço, contudo, que, na minha opinião, se existe uma certa relação entre o tempo de despersonalização e o evento do qual fala Green, suas funções não são superponíveis. Para propor uma imagem, direi que à posição de estrutura transicional da neurose de despersonalização na nosografia das psiconeuroses corresponde à situação transicional do fenômeno de despersonalização, na trajetória do *processus* de afetação. E é aí que se situam as modificações frequentemente bruscas do regime energético. Ora, sabemos, a despersonalização é relativa a uma perturbação da economia narcísica. Green escreve a esse propósito, lembrando a situação do sujeito contemplando sua própria imagem no espelho: "O afeto é um objeto de fascinação hipnótico para o ego. O afeto é o que, na análise, mantém o ego numa posição de dependência em relação ao narcisismo." Em todo caso, a situação descrita aqui é daquelas que se colorem de inquietante estranheza; ao se descobrir, o sujeito separa-se de si mesmo para reencontrar-se, e essa experiência, que num momento dado pode ser singularmente despersonalizante, implica plenamente o corpo e a sensorialidade. Assim, a tomada da identidade passaria pela experiência de um abalo inicial, isto é, um arrebatamento.

Na falta de poder desenvolver aqui inteiramente minhas opiniões, eu as resumirei dizendo que o *processus* de afetação é um movimento que participa na descoberta que o sujeito faz de sua identidade e que ele descreve uma trajetória, na qual um fenômeno próximo à despersonalização ocupa um lugar central, aquele de um agente de transição, antes que se formem os afetos propriamente ditos. Estes últimos, quando não se limitam ao seu papel de testemunha e à sua função de descarga, isto é, quando existe um ego suficientemente investido para dispor de seu poder de inibição, permitem a retomada do passado, participam na constituição de novos traços mnésicos e na elaboração do atual, que constituirá o passado vivo de amanhã.

"É pelo sofrimento que se atinge a verdade do sujeito", escreve André Green, eu diria que é pelo afeto e pelo *processus* do qual ela é o resultado.

Enfim, se a alucinação negativa é a representação da ausência de representação, em vez de considerar, de acordo com Green, o fenômeno como o efeito mais marcante do afeto, o relaciona-ria a um tempo particular, transitório do *processus* de afetação. A alucinação negativa seria então relativa a um fracasso desse processo, quando ele termina brutalmente em vez de se cumprir até o fim, já que a vocação do afeto é chegar, por fim, a se exprimir.

# 5.

# Notas Sobre a Evolução
# e a Natureza do Ideal do Ego
# 1973

O Ideal do ego é um desses temas literalmente provocantes que, como aquele do inconsciente, tendem por natureza a polêmicas infinitas. Efetivamente, quando nos implicamos num esforço de conceptualização, nos encontramos situados num registro onde, naturalmente, se afirma uma tendência sintetizadora e construtiva, a qual, por sua vez, não deixa de afetar o próprio objeto em questão. Ora, essa tendência se desenvolve no sentido contrário do caráter próprio ao trabalho analítico. Entendo esse trabalho como aquele que se efetua na situação analítica. O movimento aí é essencialmente redutor, ele leva ao elementar, senão ao grosseiro, e nos defrontamos com um desmantelamento radical que, felizmente, elimina toda perspectiva normativa e moralizadora.

Duas observações para situar minhas intenções:

1. A evolução do Ideal do ego me parece ser habitualmente considerada como efetuando-se de maneira contínua. Substituto do narcisismo perdido, o Ideal do ego seria secundariamente projetado sobre o pai genital, ao qual o sujeito deve, enfim, identificar-se. E o Ideal do ego "definitivo" regularmente conteria, ultrapassando-os, todos os Ideais do ego pré-genitais.

De minha parte, não acredito numa evolução regular e contínua do Ideal do ego. Na sua forma acabada, ele é o resultado de uma ruptura evolutiva e de uma destruição de seus aspectos anteriores.

2. Do ponto de vista de sua função, o Ideal do ego é geralmente percebido numa perspectiva *otimista*. Ao permitir ao ego integrar todas as fases de sua evolução, realizar projetos e aspirações, graças às identificações que promove, seria maturativo.

Minha opinião é que, inelutavelmente conflituoso, o Ideal do ego é necessariamente retrógrado.

1. – Em diferentes circunstâncias, desde 1965, fui levado a precisar minha posição quanto ao destino da pré-genitalidade, ao menos no domínio das neuroses de transferência. Disse então que todo vivido pré-genital, enquanto tal, é inteiramente destruído por ocasião do Édipo clássico, para ser reescrito em termos de castração. O anterior, o precedente, não é simplesmente retomado e envolvido pelas organizações em atividade no presente – o que seria introduzir um ponto de vista jacksoniano, que concerne sem dúvida à ordem neurofisiológica (ainda que questionado também aí), mas que me parece particularmente discutível, quando a proeminência do discurso, do relato, afirmou-se. Trata-se de uma ruptura e de uma verdadeira mutação que vai definir, de maneira necessariamente tendenciosa, o primeiro verdadeiro passado do indivíduo. Assim, nunca mais lidaremos com outra coisa que histórias contadas, recontadas muitas vezes, e muitas vezes deformadas. O caráter de autenticidade dos primeiros tempos dependia de seu aspecto elementar quando, sem máscara ou quase, tanto a satisfação quanto o objeto suscetível de fazê-lo eram ingênua e diretamente visados. Qualquer fraude nessas condições estava excluída, mas o risco era imenso – o encontramos em certas estruturas –, era a descarga total da excitação e, assim, a extinção. A sobrevivência só é possível graças a uma mudança de registro, uma falsificação que complica tudo ao mediar necessidades e exigências. Em suma, a evolução do indivíduo não se dirige a uma autenticidade progressivamente maior, pelo contrário, se dirige à fraude e à mentira que lhe é conveniente, paradoxalmente, elogiar.

A personalidade, digamos antes o aparelho psíquico, se edifica assim sobre ruínas. E o mesmo ocorre necessariamente com o Ideal do ego: o Ideal do ego primitivo, que acredito esteja situado na trajetória do narcisismo, deve – bem como o vivido pré-genital – ser demolido quando o Édipo clássico se afirma. Doravante, não é mais possível que ele possa ser reencontrado na sua verdade ou em sua eventual natureza primeira. Ele também se torna mentiroso; o primeiro tempo, narcísico, correspondia a um momento de verdade para o qual, então, já não havia outra alternativa: a implicação narcísica (ela ao menos) remetia a um "o que é", indiscutível e letal. O segundo tempo modifica radicalmente o estatuto do Ideal do ego, pois o fator narcísico foi capturado pela problemática edipiana. Tornado móvel, o Ideal do ego deve se escrever doravante à medida do desenvolvimento, em ligação com os imprevistos dos movimentos pulsionais. Tornou-se, por sua vez, tendencioso, o instrumento tendencioso a serviço de diversos amos – em todo caso, não uma instância. A descontinuidade é assim um aspecto característico da evolução do Ideal do ego, cujos aspectos sucessivos, depois da primeira falsificação, da primeira complicação, só podem ter um papel de sustentação, na medida em que são cada vez mais felizmente mentirosos, o que lhes confere, no plano econômico, um certo valor funcional.

II. – Chego agora ao segundo ponto, que tem a ver com a natureza e a evolução, assim também com o papel do Ideal do ego a partir do segundo tempo, que acabamos de abordar. Contrariamente ao superego, que exige um *não fazer*, o Ideal do ego implicaria, sabemos, um *fazer*. Donde a ideia de esperança e de projeto que está ligado a ele. Daí então a oposição do superego ao Ideal do ego parece evidente. Só se pode falar de superego quando está implicada a tríade: desejo incestuoso, culpabilidade e interdição paterna acompanhada de uma ameaça. O Ideal do ego, que leva à ação, escaparia à absorção nessa problemática? As coisas não são simples e não é certamente por acaso que Freud, depois de parecer distinguir em 1914 o Ideal do ego de uma instância inominada, futuro superego, vem a seguir confundi-los. Tenho tendência a pensar que a distinção não é mantida, sem dúvida, em razão de uma particularidade da evolução do Ideal do ego. Ideal do ego que se vê ser integralmente retomado na problemática edipiana, como sublinhou Janine Chasseguet. Diria antes que ele é desfeito, mais do que se dissolve: instância e instrumento não poderiam ser miscíveis. Quer dizer que a relação original do Ideal do ego com o narcisismo é mantida tal como era? Não mais. A relação efetua-se agora com o narcisismo da mãe.

Então, o que acontece com o papel ou a função do Ideal do ego, em seu aspecto prospectivo? O Ideal do ego, brandido diante do ego do sujeito, com a mãe presente e aliada de uma série de projeções desse Ideal do ego sobre os modelos cada vez mais evoluídos; tudo isso para assegurar o melhor desenvolvimento, a acessão a uma maturidade, em suma, uma promoção, isto é, destruição do Édipo, escolha de novos objetivos mais realistas etc.

Bem, "eu não creio absolutamente". Seria muito bonito! Seria o ideal! A tal ponto que se pode perguntar se a noção de um Ideal do ego "maturativo" não é uma ilusão, a criação do analista afetado pela marcha regressiva do trabalho analítico. No tratamento, com efeito, após o enfraquecimento das eventuais amarras narcísicas do Ideal do ego, observamos afirmar-se a nova natureza desse, que é em essência maternal – a mãe dos tempos edipianos.

Nunberg e E. Jackson já o apontaram – mas num outro contexto. Das raízes narcísicas poder-se-ia dizer que subsiste o desejo de ser amado – pois o fato de ser amado aumenta a estima de si. Mas, no momento em que o verbo paterno interdita e ameaça, o *fazer* remete inelutavelmente à mãe edipiana. Para ser amado por ela, uma via privilegiada: *realizar para ela um programa que ela não pôde realizar*. Um programa que, para sua realização, ela sempre tem necessidade de um representante: *a saber, para a realização de suas ambições fálicas*. Não há saída e, para retomar uma expressão bem conhecida, trata-se quase de uma barreira, outra maneira de colocar a problemática: presença/ausência de pênis. A mãe, elo intermediário entre o narcisismo primeiro e a relação objetal, não larga sua presa. Postada diante do sujeito, ela lhe impõe suas ambições fálicas. E a realização dessas torna-se para o sujeito o meio de exprimir, de viver seu desejo incestuoso. A serviço de dois amos, *o Ideal do ego aparece, então, como a resultante das aspirações fálicas da mãe, inexpugnáveis, e da fantasia incestuosa da criança*.

Aqui, não estamos mais confrontados com uma versão simples da eventual tentativa de sedução do menino pela mãe, o menino levado, então, a crer que ele poderia ser um parceiro sexual satisfatório com, diz-se por consequência, a inevitável constatação de uma incapacidade morfofisiológica. Não, não

NOTAS SOBRE A EVOLUÇÃO E A NATUREZA DO IDEAL DO EGO   105

concordo, pois esqueceríamos então que se trata sempre, para a criança também, de realidade psíquica, onde a fantasia é rei e onipotente. O que afasta a criança da mãe enquanto parceiro sexual é (problemática clássica do superego colocada à parte) o fato de que um outro papel lhe foi confiado. E nós estaríamos confrontados com um simples problema de deslocamento, pois de máscaras. Na análise, o que se descobre é uma estratificação de versões mais ou menos deformadas desse encontro, que tem por nome Ideal do ego, cuja grandeza e valor funcional vêm precisamente do grau de complicação e de falsificação, cujos estados primeiros são objeto. Se somos destinados a elaborar constantemente novos Ideais do ego, é porque cada um deles encontra-se constantemente em vias de ser desmascarado, enquanto avatar do desejo incestuoso. A multiplicidade remeteria então ao único. Nada de surpreendente que o diálogo entre o ego e o Ideal do ego permaneça tão secreto.

O Ideal do ego, assim, olha para trás, e podemos então perguntar se a arte não é necessariamente "reacionária". O superego, de resto, não se engana. A prova disso é particularmente fornecida pelas atividades ditas criativas, sempre intensamente conflituosas, quando se observa o superego punir o sujeito impondo normas e uma perfeição impossível de atingir, pois o projeto incestuoso do Ideal do ego foi desmascarado. Dramatizado, o superego diria: "você quer me enganar procurando encontrar a mãe pela via desviada que teu Ideal do ego te propõe, teu castigo será que esta via – que você talvez nem mesmo saiba o que ela dissimula – será tão difícil que você será remetido à tua insuficiência".

E a situação aparece como especialmente inextricável, se pensarmos que o pai, o objeto da identificação, já foi encarregado de uma mesma missão! Precisamente a missão de realizar as ambições fálicas de sua esposa. A identificação com o pai, que introduz no sujeito os inimigos do prazer, lhe propõe, paralelamente, um objetivo inteiramente contraditório com as limitações que ele quer, por outra parte, lhe impor.

Aparentemente aprisionada, é de fato a mãe que conduz o baile. Assim se esclarece, em parte, o problema colocado pelos casos onde o Ideal do ego parece ser de essência paterna. Tendo a pensar que não se trata de outra coisa que o efeito de uma submissão homossexual, particularmente maligna, pois, através dela, é sempre o mesmo objetivo que é visado: realizar o programa fálico da mãe.

Considerando o Ideal do ego como um instrumento retrógrado e falsificador, elaborado a partir do programa fálico da mãe, a equação Ideal do ego = programa fálico da mãe + avatar do desejo incestuoso seria uma visão parcial, e por que não parcial? Seria tentador dizer, acrescentando, que o Ideal do ego, que fui levado a descrever, é um falso Ideal do ego, que deveria se opor a um Ideal do ego verdadeiro. Pode ser, mas, na minha opinião, a distinção aqui entre verdadeiro e falso é pelo menos ilusória, porque apenas o falso existe e ele é, por si só, dinâmico, senão seria sua extinção. Como parêntese, diria que o mesmo ocorre numa outra ordem de ideias, quando se opõe um verdadeiro e um falso *self*. Se é que a noção de *self* seja admissível, só seriamos capazes de encontrar falsos *self*, uma estratificação de falsos *self*: pois a máscara, com a vida do verbo, substituiu o ser.

Enfim, e é pelo que terminarei, poderia ainda me questionar se o Ideal do ego, em questão aqui, só concerne às estruturas perversas. Poderia responder à maneira do famoso empréstimo da panela[1].

Creio, para começar, que o modelo que propus implica para o sujeito uma abordagem do Édipo com um contingente pulsional suficiente e um objetivo que não me parece decorrer essencialmente de suas pulsões parciais, muito pelo contrário. Se, na problemática, as pulsões parciais deviam fazer parte, seriam as da mãe.

E depois se, como creio, a característica da sexualidade humana é ser perversa, é bom que, para o perverso que cada um é, haja uma alternativa fecunda ao impasse de onde procede e para onde conduz o Ideal do ego.

---

1 Trata-se de uma anedota relatada por Freud: "A [...] omissão deliberada é o núcleo de um [...] sofisma hilariante, mas que duvidamos que tenha direito ao título de chiste. 'A' tomou emprestado uma panela de cobre de 'B'. Quando devolveu-a, 'B' processou 'A' acusando-o de ser responsável por um grande furo, o que torna o utensílio inutilizável. 'A' se defende nos seguintes termos: 'Primeiro, eu nunca tomei emprestado uma panela de B; segundo, a panela já tinha um furo quando B me deu; terceiro, eu devolvi a panela em perfeito estado'. Cada uma dessas objeções é boa por si mesma, mas, tomadas em conjunto, excluem-se mutuamente." S. Freud, *Le Mot d'esprit et sa relation à l'inconscient*, Paris: Gallimard, 1988, p. 131. (N. da T.)

# 6.

# Trajetória da Bissexualidade
# 1975

A comunicação de Christian David vem, felizmente, sanar uma lacuna da literatura psicanalítica, particularmente sensível na França. Até onde sei, a questão da bissexualidade jamais foi abordada tão sistemática, amplamente, e com tanta profundidade. Não sou o único, seguramente, a ter esse sentimento. É preciso lembrar também – não é inútil, já que a preocupação de produzir um efeito sobre o leitor, se possível capaz de desconcertá-lo, parece ser o principal de muitos escritos, que nos são propostos –, repito, é preciso lembrar, assim, com que satisfação nos deparamos com um texto capaz de transmitir realmente um saber, uma experiência e uma reflexão. Dessa forma, concordo inteiramente com as observações críticas de Christian David, no último capítulo do seu trabalho, sobre a influência de um certo irracionalismo em moda, que declara a busca da verdade como caduca e tende a desvalorizar o deciframento das significações.

◆ ◆ ◆

Estou plenamente de acordo com um primeiro ponto, colocado claramente já no título da comunicação: ao falar de sexualidade, entendemos sempre psicossexualidade, da mesma forma, é sempre com a *bissexualidade psíquica* que nos deparamos. Dito isso, é certamente essa maneira de ver, aos nossos olhos, perfeitamente natural, que nos leva a minimizar o papel da ordem bio-anátomo-fisiológica onde, no entanto, tudo encontra sua origem. É verdade que, em contrapartida, ganhamos em coerência, pois assim podemos tomar alguma distância em relação a uma "articulação impossível" entre duas ordens de fatos, sob certos aspectos heterogêneas.

David viu muito bem ao que expõe uma tal atitude, assim, mais de uma vez, adverte contra tudo o que poderia conduzir a romper "o elo da psicossexualidade e da bissexualidade psíquica com a realidade sexual corporal". Por um lado, parece-me que essa maneira de colocar o problema denota uma escolha, ao menos uma escolha de *acento*. Assim, nessa frase, após ter sublinhado a necessidade do elo em questão, o autor afirma que psicossexualidade e bissexualidade psíquicas ultrapassam largamente a realidade sexual corporal, e por vezes tornam-se mesmo independentes. A isso, ele se refere a Léon Kreisler[1], que também faz prevalecer o ambiente sociofamiliar e a vida de fantasia sobre qualquer outro fator, nenhum elemento biológico, segundo ele, sendo *até aqui* capaz de resolver a bissexualidade. Ora, justamente é o o *até aqui* que me parece importante. Freud, por seu lado, guardou-se de tomar partido no debate: ele mantém tranquilamente as duas maneiras de ver – aquela que confere à referência biológica um lugar dominante e aquela que a reduz ou mesmo a exclui – numa espécie de justaposição que me parece ser uma preciosa indicação.

Quando Christian David nos diz, a respeito da figuração no sonho, que a anatomia tem valor de significante, essencialmente ligado à exigência de figurabilidade, em que as representações em imagens de diversos caracteres sexuais implicam a erogeneidade global do corpo *bem aquém* do genital e entram em ressonância com o erótico pessoal *bem além* do sexo, é certamente tentando seguir essa rota. Mas, qualquer que seja o peso do argumento, temo que sejamos levados a compreender o sexual como algo difuso, assimilável de alguma forma à vida em geral, o que acarretaria certa neutralização da psicossexualidade, esta sendo então

---

1 L. Kresler, Les Intersexuels avec ambigüité génitale, *La Psychiatrie de l'enfant*, XIII, n. 1, 1970, p. 5-127.

exposta a perder seu elo fundamental com o *gozo*. A passagem de Paul Schilder citada na comunicação mostra claramente o perigo. Tratando das possibilidades de transferência do que se passa numa parte do corpo à outra, Schilder define as noções de "saliência" e de "cavidade" como os determinantes fundamentais de nossa atitude em relação ao corpo e à imagem do corpo. Ora, isso é inverter a concepção psicanalítica clássica que vê a origem dessas noções, de saliência e de cavidade, noções abstratas e operatórias na representação fortemente investida dos órgãos genitais. Não há um aquém da imagem do sexo eroticamente investida; as ideias apenas surgem após, e, além do mais, o órgão genital é a referência para todos os órgãos, até mesmo para o corpo inteiro.

Mas voltemos ao papel do ambiente familiar e ao papel da fantasia, que, diz-se, são capazes de submergir as forças biológicas e o *determinante anatômico* na diferenciação psicossexual. É certo que a atitude inconsciente da mãe intervém, mais ou menos amplamente, nessa diferenciação. Numa outra passagem citada por David, Kreisler concede que as atitudes inconscientes são determinadas, ao menos em parte, pela visão dos órgãos genitais do recém-nascido, o que vem confirmar a importância do fator anatômico. Porém, do meu ponto de vista parece essencial que, na imensa maioria dos casos, a anatomia do recém-nascido e as forças biológicas que a condicionam têm um peso absolutamente decisivo. O olhar intensamente "sexualizado" que a mãe coloca no sexo anatômico de seu recém-nascido – um sexo imediatamente reconhecido pelo inconsciente como portador de uma capacidade de gozo – influencia sua atitude muito mais do que as ambiguidades de sua fantasia pessoal. Caso contrário, é evidente, os transexuais seriam infinitamente mais numerosos do que são.

Desconfio assim de tudo o que, distendendo em demasia as inter-relações entre as ordens biológica e psíquica, arrisca fazer da bissexualidade *psíquica* algo de *desencarnado*. Efetivamente, não esqueçamos o efeito que as figuras ligadas à bissexualidade, quando elas são acessíveis, não são somente, nem antes de mais nada, atitudes ou movimentos do pensamento; são *imagens*, representações de órgãos e de funções – fantasias que têm *corpo*. Não podendo aqui me deter sobre esse aspecto do problema, eu me limito a relatar brevemente alguns casos clínicos capazes de esclarecer, contudo sublinhando o seguinte: as figuras ou as fantasias, nas quais a bissexualidade se exprime claramente, são marcadas pelo traço da estranheza que, por um lado, contribuem a lhes conferir o que chamo *corpo*, e, de outra parte, aproxima-as dos sintomas, dos momentos de uma evolução. É, portanto, dessas figuras singulares que parto para abordar a bissexualidade "normal", da mesma maneira que Freud se ateve ao sintoma histérico, por exemplo, para compreender o funcionamento "normal" do aparelho psíquico em geral.

Um homem jovem foi consultar-se por causa de dificuldades de ereção. Seu terapeuta, uma mulher, conta que no momento em que o paciente lhe fala de seus ensaios infrutíferos, ela subitamente tem a seguinte fantasia: ela é dotada de um pênis implantado bem no meio de seu próprio abdômen, entre o púbis e o umbigo. Ela se esforça mentalmente em vão para fazer descer esse pênis, que lhe sai literalmente do ventre, para uma posição mais natural. Bruscamente, ela compreende que, ao imaginar uma localização aberrante do órgão, ela exprime seu desejo de possuí-lo sem, no entanto, renunciar ao que ela já possui: "Eu tenho tudo", diz ela para si mesma, "isso tem a ver com a gravidez". Ela se lembra, então, de que a noiva do seu paciente era considerada como não podendo ter filhos.

Outro caso. Uma paciente me comunica sua perturbação: ainda que médica, ela não sabe mais se o pênis passa por cima ou por baixo da sínfise pubiana. Tendo relatado o fato a homens, constatei que alguns experimentavam um sentimento de dúvida e de estranheza, que se acompanhava de uma impulsão – evidentemente combatida – a verificar como era mesmo! Concluí que tudo o que tem a ver com os fenômenos de despersonalização e, em geral, com problemas de identidade, a problemática bissexual deve ser levada em consideração.

Eis agora um notável material onírico, que evoca o costume do qual David falou, ou seja, a subincisão do pênis praticada por certas tribos australianas e tradicionalmente denominada "vagina". Um jovem sonha o seguinte: ele consulta um médico por causa de um sintoma mal determinado, que afeta seu aparelho gênito-urinário. Enquanto o médico o examina, ele descobre ao lado do seu pênis, ou na proximidade, um bolso, que no próprio sonho o faz pensar numa vagina. De um gesto preciso, o médico aproxima a mão desse bolso para extrair um *segundo pênis*, gritando: "Eis a razão dos seus sofrimentos!" Não entrarei na rede de associações que se desenvolveram, quero apenas mostrar como as figuras da bissexualidade vêm, por assim dizer, se colocar a serviço de uma problemática neurótica clássica, e como o deslizamento de sentido afeta, por vezes, a própria palavra "bissexual", que significa então *dois pênis*. Teremos notado, de outra parte, que em todo esse material clínico não se trata jamais de um acréscimo, o que articula claramente a problemática bissexual com a da castração.

Gostaria, enfim, de mencionar um fato que a psicossomática nos permitiu observar. Conhece-se bem, atualmente, certos traços de comportamento – competitividade, necessidade de independência, intolerância à passividade – que, em alguns sujeitos portadores de uma doença ulcerosa duodenal, poderiam ser assimilados a uma estrutura, tanto eles são precisos e organizados. Ora, na mulher que é cada vez mais atingida por essa afecção, pôde-se observar paralelamente ao comportamento "viril" lembrado acima, e em proporções estatísticas significativas, características morfológicas de androginia: desaparição do *cubitus valgus*, presença de um apêndice xifoide, pilosidade pubiana subindo até a linha branca. Eis alguns achados clínicos que pedem certamente para serem interpretados, mas que, me parece, não deveriam ser negligenciados.

Uma palavra, ainda, sobre a relação entre psicossexualidade e gozo. Fala-se com frequência a respeito de bissexualidade da fantasia de maternidade no homem. Fiquei surpreso mais de uma vez pela facilidade com a qual essa fantasia emergia, tudo se passando como se, para formular esse desejo ou aceitar relacioná-lo a esse ou aquele apetite de realização, o homem não tivesse uma grande resistência a vencer. De fato, pude constatar em diversas circunstâncias que a fantasia de maternidade, que para alguns seria o correlato da inveja do pênis na mulher, recobria uma fantasia bem diferente: a de possuir igualmente o aparelho feminino (clitóris, vulva, vagina), *enquanto propiciadores de gozos supostos mais intensos*. A prova é que, nas fantasias do homem, o traço de um aparelho sexual "esquecido" fica algumas vezes situado na região compreendida entre a base do pênis e o ânus, região que ganha então o valor de uma zona erógena original. O enraizamento da bissexualidade psíquica no corpo me parece então assegurado pelo prazer e o gozo, os quais são ainda uma peça essencial da articulação entre identidade e bissexualidade. Significativo, a esse propósito, é o caso particular do masoquista perverso, forçado por sua própria economia a uma busca extrema de gozo. E em quem a angústia de castração pode literalmente volatilizar-se: ele está disposto efetivamente a "renunciar" ao seu pênis em troca de uma potência orgástica necessária a uma melhor delimitação de seu ego[2]. Gozar como uma mulher – é talvez porque ele assume esse desejo, depois de ter suficientemente elaborado sua angústia de castração, que o analista de sexo masculino pode tirar partido completamente de sua contratransferência, e mesmo se viver na relação analítica com uma paciente, não somente como mulher, mas igualmente como mulher homossexual.

Para uma teoria da bissexualidade, o masoquismo perverso que acabo de evocar me parece especialmente digno de interesse. O estudo que lhe consagrei é sobre esse ponto bem demonstrativo, pois vemos então o masoquista expor sua bissexualidade na sua própria carne[3]. Entre as tatuagens que cobriam esse homem, eu me refiro apenas às que nos concernem aqui: "Eu sou uma vagabunda", "Eu sou uma puta", "Sirva-se de mim como uma fêmea, você gozará bem". Segundo ele, aliás, seu ânus teria sido alargado de tal maneira "que tinha um jeito de vagina", o que dispensa comentários. Contudo, tenho outras razões teóricas para insistir sobre esse caso especialmente demonstrativo.

Foi esse caso que me sugeriu outrora substituir o termo masoquismo por *movimento masoquístico*; eu entendia por isso um processo compreendendo como etapas evolutivas o masoquismo erógeno, o masoquismo dito feminino e o masoquismo moral (essa ideia de movimento inspirava igualmente a noção de *processus* de afetação, que propus em 1970, numa intervenção sobre a comunicação de A. Green, para definir um trajeto indo do mais profundo do aparelho psíquico e mesmo do corpo, onde o problema encontra sua origem, a esse ponto evolutivo extremo no qual a linguagem específica a emoção). Uma iniciativa análoga me conduz aqui a falar de *trajetória da bissexualidade*, noção

2    Cf. infra, "Um Caso de Masoquismo Perverso. Esboço de uma Teoria".
3    Ibidem.

capaz, me parece, de reduzir um pouco a oposição entre bissexualidade biológica e bissexualidade psíquica. Na minha opinião, efetivamente, a bissexualidade psíquica *se ganha*, ela é o final de uma evolução de curso irregular, difícil, sempre em perigo de parar. O masoquista perverso, o transexual, o homossexual, me aparecem como momentos dessa trajetória que, partindo de um estatuto biológico fundamental, chega ao que chamarei de uma bissexualidade psíquica completa, isto é, a um ponto onde os componentes masculino e feminino são tão bem integrados que eles não podem mais, idealmente, ser nem reconhecidos nem dissociados. Se esses casos tão ambíguos (transexuais, travestis etc.) têm a vantagem de definir certas etapas do desenvolvimento da bissexualidade, é, pois, precisamente sobre eles que falar de bissexualidade psíquica me parece o menos justificado. Seria oportuno, antes, considerar o problema do ponto de vista de uma relação eventual unindo, ou opondo, uma bissexualidade psíquica plenamente elaborada e a bissexualidade inconsciente evocada por David, na qual intervém decisivamente o mecanismo de repressão. Noto ainda que essa trajetória com seus diferentes momentos pode aparecer num mesmo indivíduo, tudo se passando como se a integração dos componentes masculino e feminino se efetuasse ao ritmo alternado de movimentos progressivos e regressivos, se eu posso me permitir essa analogia. Testemunham as fantasias e atividades oníricas que eu mencionava acima, bem como certos momentos da atividade sexual. A elaboração da bissexualidade, biológica na sua essência, não é nunca adquirida definitivamente; ela é marcada pelo ressurgimento de figuras intermediárias, provas de um bloqueio do movimento de integração, nas quais a oposição entre tendências masculinas e tendências femininas toma formas mais ou menos espetaculares. A partir daí, seria tentado a definir a bissexualidade essencial *como uma exigência de trabalho imposta ao aparelho psíquico*, o que faz pensar na definição da pulsão.

A observação de uma paciente que, ao reconhecer subitamente a expressão manifesta de suas tendências masculinas e femininas, exclama, "Eu não sou nem um homem nem uma mulher, eu não sou absolutamente nada!", me conduz a abordar brevemente a questão da identidade. Sem aprofundar todos os aspectos do elo que une identidade sexual e identidade simplesmente, assinalarei sobretudo que as singularidades anatômicas, fisiológicas, psíquicas ou de comportamento passam facilmente por expressões da bissexualidade. Ora, quando essas singularidades aparecem num clima de estranheza – o que é comum –, elas traduzem frequentemente uma precariedade do investimento do ego e, pois, uma perturbação do sentimento da identidade. Isso porque tende-se a considerar a bissexualidade psíquica como um fator de morbidez e de fragilidade, o que David não está errado ao criticar. A rigor, a bissexualidade essencial não é um fator de morbidez, mas um fato básico que o aparelho psíquico deve tratar, isto é, elaborar e não dissolver, como alguns gostariam.

Considero agora, sempre do ponto de vista de uma *trajetória* da bissexualidade, as relações da bissexualidade e do sexo feminino, às quais Christian David trabalhou longamente. Para ele, é claro que se Freud não forneceu uma teoria acabada da bissexualidade, é em razão de suas posições insuficientes sobre a feminidade e da prevalência que ele atribui ao falo nos dois sexos. Eu me pergunto, pelo contrário, se a dominante feminina não obstaculiza uma plena bissexualidade psíquica, coroamento da trajetória onde tendências masculinas e femininas são indissociáveis e, no melhor dos casos, impossíveis de identificar. Parece-me, efetivamente, que é o falo que, com a castração, é o único capaz de assegurar o pleno desenvolvimento da psicossexualidade, permitindo a integração da "femelidade" e, por consequência, uma bissexualidade psíquica completa.

Se é verdade que o embrião macho resulta da evolução de um esboço fundamentalmente fêmea (ou ainda neutro), e que assim uma dupla exigência lhe seja imposta quase desde o início; se é verdade que o menino deve conquistar sua identidade de menino, enquanto para a menina o sentimento de feminidade avança por si só, é preciso admitir que o menino precisa fazer face a uma maior exigência de trabalho. Embora submetida à necessidade de uma tripla mudança de objeto, a menina, nos dizem, não tem esforço especial a fazer para aceder à mesma identidade que sua mãe; daí a "falta de ser menino", legível até no destino do embrião da qual ela procede, não representar um fator de evolução, mas antes uma causa de fixação. Assim, nela, os caracteres da bissexualidade são mais manifestos e mais frequentes do que se diz: eles testemunham uma *parada* da trajetória evolutiva da

TRAJETÓRIA DA BISSEXUALIDADE

bissexualidade, bem como a própria feminidade que, quando ela é reivindicada ostensivamente, é frequentemente apenas a máscara de uma exigência fálica.

Queria, enfim, deter-me um momento na ideia de *mediação bissexual*, introduzida no último capítulo da comunicação, à qual David acorda visivelmente uma importância extrema. Com efeito, é uma noção essencial que, da minha parte, guardarei sobretudo um aspecto: a assimilação da bissexualidade a um processo criador.

É um fato de observação corrente que certos homens, cujo talento artístico é reconhecido, apresentam traços femininos marcantes, enquanto as mulheres, tendo de alguma maneira uma autêntica atividade criadora, mostram por vezes características viris. Deve-se deduzir que a presença ou a predominância num indivíduo de características próprias ao sexo oposto tem o valor de um processo criador? Confesso meu embaraço. Segundo David, costuma-se sublinhar mais os efeitos inibidores e a morbidez eventual da bissexualidade que sua capacidade de mediação, seu poder de criar. Sem dúvida, mas não se associou de maneira igualmente estreita morbidez e gênio artístico? Os exemplos não faltam, resta saber se podemos nos apoiar neles para avançar que, do ponto de vista da criatividade, bissexualidade e morbidez têm funções idênticas e devem por consequência serem aproximados. Na minha opinião, seria melhor abordar o problema de outra maneira.

Se existe na bissexualidade um elemento criador, ou melhor, as condições próprias a favorecer a criação, é graças a uma tensão conflitiva entre tendências masculinas e tendências femininas, as quais impõem ao aparelho psíquico um trabalho original, propriamente criador ou não, precisamente porque elas não são integradas em nível suficiente. A partir dessa perspectiva, poder-se-ia dizer que a exigência é tanto maior quanto o elemento oposto ao sexo biológico é mais importante. A criatividade, à qual, diga-se de passagem, eu não atribuo um valor particular, seria então algo a considerar como a consequência quase fatal de um *conflito*, e os objetos criados só seriam os efeitos laterais. Tornada possível pelos obstáculos da trajetória da bissexualidade – a fixação do movimento evolutivo em certos pontos estando evidenciados pelas atitudes, fantasias, formas de atividade sexual etc., características do sexo oposto –, a criatividade não tem razão de ser, ao menos sob a forma que conhecemos, quando a oposição discordante das tendências masculinas e femininas foi resolvida pela sua integração. O que talvez felizmente não deve se produzir com muita frequência.

# TERCEIRA PARTE

# 1.

## Um Caso de Masoquismo Perverso: Esboço de uma Teoria
### 1972

A busca do fracasso, da dor, satisfação de uma necessidade profunda de castigo – é com essa trama comum à maioria de seus pacientes que o analista se defronta essencialmente. Sobre esse masoquismo dito moral, e no qual a sexualidade parece à primeira vista pouco implicada, muito já foi escrito. O mesmo ocorre nessa outra forma de masoquismo, em que a cena parece ocupada por uma via de fantasia importante, ligada diretamente à satisfação sexual e onde o sujeito se imagina ser humilhado, maltratado, à mercê.

Em contrapartida, o masoquista perverso, aquele em quem sevícias são efetivamente *feitas*, que vive no seu corpo o que são apenas fantasias para alguns e que tira prazer disso, o psicanalista nunca tem ocasião de encontrar. Por esse motivo, a maior parte dos trabalhos concerne, de fato, principalmente o masoquismo moral e o masoquismo dito feminino, mesmo quando se reconhece, com Freud, que sua base comum é o masoquismo erógeno.

O interesse teórico do masoquismo perverso é tão evidente quanto poderíamos esperar, quando é possível observar um caso. No entanto, a observação que exporemos aqui foi feita há mais de dez anos, e não penso que se possa colocar esse longo prazo entre parênteses, porque ele diz algo de essencial e significativo sobre o caso. De resto, o material não provém de um tratamento, mas de duas entrevistas bem longas que, na época, eu não quis prosseguir, da mesma forma que posterguei o momento de me interessar pelo mesmo. Efetivamente, as práticas perversas de que se trata aqui são tão extremas, tão espetaculares, que, num primeiro momento, tem-se o sentimento de interdição. A tal ponto que quase tudo o que já foi relatado a propósito parece bem pálido, quando se compara às sevícias sofridas pelo meu sujeito. O quadro inspirará, sem dúvida a muitos, uma mescla de fascinação e de incredulidade horripilada, com o sentimento agudo de que tudo o que se dirá não será nada mais que uma racionalização defensiva, mais ou menos bem-sucedida.

O Sr. M., meu sujeito, teria possivelmente a mesma opinião; em todo caso, apesar da grande amenidade e simplicidade com a qual se apresentava, deixava adivinhar uma atitude maliciosa e provocante em relação ao interlocutor (o traço demonstrativo de Theodor Reik). Essas particularidades relacionais explicam, ao menos, tanto a monstruosidade das práticas perversas quanto a minha pouca pressa em estudar o caso.

O Sr. M. tinha 65 anos de idade quando fui levado a encontrá-lo. Ele havia sido *descoberto* por uma colega radiologista, que ele havia consultado por uma hemoptise que acabou não tendo consequências. Essa colega tinha feito o exame físico, observando minuciosamente todos os traços das práticas perversas, e procedido a uma primeira entrevista, na qual ela havia convidado nosso sujeito a encontrar-se comigo. O Sr. M. aceitou a proposição sem dificuldade, explicando que isso poderia ser útil, um dia, a outras pessoas tendo a mesma perversão que ele. Ele reconheceu também que esperava, talvez, poder encontrar uma ocasião de ser humilhado e, ao mesmo tempo, de compreender melhor seu estranho estatuto. Sua curiosidade permanecia insatisfeita porque, tendo lido tudo a respeito do masoquismo, ficara decepcionado com regularidade. De fato, muitos outros fatores, veremos adiante, participavam de sua decisão.

Aparentemente, M. tinha o aspecto e os hábitos de uma pessoa tranquila. Ele fazia questão que seus familiares, ignorando tudo de sua perversão, não corressem o risco, de forma alguma, de serem informados. Atualmente aposentado, tinha sido um operário altamente qualificado em radioeletricidade. Havia gozado de tal estima por causa de sua competência, que conseguira impor aos seus empregadores toda uma série de condições de trabalho, em particular quanto aos horários e à duração das férias. Era repugnante para ele, muito especialmente, a ideia de exercer uma autoridade, de ocupar um posto de direção. Dar ou receber ordens lhe parecia ser de natureza a alienar sua liberdade! Liberdade à qual ele era muito apegado e que se exprimia nas longas caminhadas solitárias que ocupavam suas férias. Vivia numa casa pequena no subúrbio, com sua filha adotiva e o marido dela. Em suma, uma existência singularmente desprovida de masoquismo moral. Mas que contraste quando seu corpo era exposto! As noções de quantidade e de intensidade sendo de natureza, quando atingiam um certo nível, a modificar a qualidade e o sentido de um fenômeno, pode-se pensar *a priori* que as práticas masoquistas não fazem exceção. Exporei, assim, essas práticas em detalhes, e poder-se-á, por outro lado, encontrar nessa exposição material para modificar certas concepções sobre a perversão em questão.

Comecemos com a lista de tatuagens observadas com precisão e que cobrem praticamente o corpo inteiro, menos o rosto. Uma tatuagem posterior: "Ao encontro de lindos pintos"; lateralmente, com uma flecha: "Entrada dos belos pênis"; além dos pênis tatuados nas coxas, uma lista impressionante: "Eu sou uma vagabunda", "Eu sou um enrabado", "Viva o masoquismo", "Eu não sou nem homem nem mulher, mas uma vagabunda, mas uma puta, mas uma carne para o prazer", "Eu sou uma privada viva", "Eu me faço mijar e cagar na boca e eu engulo tudo com prazer", "Eu gosto de receber socos em todo o corpo, bata forte", "Eu sou uma vagabunda, me enrabe", "Eu sou uma puta, sirva-se de mim como uma fêmea, você gozará bastante", "Eu sou o rei dos idiotas, minha boca e minhas nádegas se oferecem aos belos pênis". Quanto às cicatrizes e aos traços de sevícias, não são menos impressionantes. O seio direito literalmente desapareceu, ele foi queimado com ferro em brasa, atravessado por pregos e cortado. O umbigo foi transformado numa espécie de cratera, por causa das projeções devidas ao suor provocado por uma haste metálica em brasa, chumbo fundido foi introduzido nele e mantido. Alças de pele tinham sido recortadas nas costas para passar ganchos a fim de que o Sr. M. pudesse ser suspendido enquanto um homem o penetrava. O último dedo do pé direito falta, ele teria sido amputado pelo próprio sujeito com uma serra para cortar metal, por ordem de seu parceiro. A superfície de secção do osso, sendo irregular, teria sido aplainada com um ralador. Agulhas foram introduzidas um pouco por todos os cantos e também no tórax. O reto foi alargado, "para que ele tenha o aspecto de uma vagina". Foram tiradas fotografias no decurso dessa intervenção. O que se deve notar é que nenhuma dessas sevícias foi seguida da menor supuração, mesmo quando se tratava da introdução de corpos estranhos, agulhas, pregos, cacos de vidro etc. Da mesma forma, durante anos, a ingestão cotidiana de urina e excrementos foi perfeitamente suportada. M. tinha mostrado à médica, a pedido desta, diversos instrumentos de tortura: placas munidas de centenas de pontas, roda com agulhas de toca-discos com um cabo que servia para bater nele. Enfim, coisa excepcional, o aparelho genital não tinha escapado a essas práticas.

Numerosas agulhas de toca-discos tinham sido introduzidas no interior dos testículos, como testemunham as radiografias. O pênis estava inteiramente azul, possivelmente pela introdução de tinta da China nos vasos. A extremidade da glande tinha sido cortada com uma lâmina de barbear para aumentar o orifício. Um anel de aço de vários centímetros de diâmetro tinha sido colocado na extremidade do pênis, depois de ter feito do prepúcio uma espécie de almofada cheia de cera. Uma agulha imantada tinha sido fixada no corpo do pênis; era, se ouso dizer, um traço de humor negro, porque o pênis, demonstrando assim sua potência, tinha o poder de desviar a agulha da bússola. Um segundo anel, este removível, envolvia as bolsas e a base do pênis.

Tudo o que acaba de ser relatado era assim perfeitamente verificável. Os traços de sevícias descritos atestavam sem ambiguidade a veracidade do relato do sujeito. E, no entanto – é para se levar em conta como uma atitude defensiva da minha parte? –, eu, por vezes, duvidei, sem poder fundamentar essa dúvida, da exatidão de certos fatos incontroláveis. Mas por que teria ele mentido sobre tal ponto, já que tantos outros tinham sido verificados? Eu ignorava, contudo eu conservava vagas dúvidas, principalmente sobre o que ele contava de sua mulher e sobre uma *passagem ao ato* agressivo.

M. se casa aos 25 com uma prima, mais precisamente a filha do filho do irmão de sua mãe. Ela tinha então quinze anos,

UM CASO DE MASOQUISMO PERVERSO: ESBOÇO DE UMA TEORIA

aproximadamente; uma licença teria sido necessária. Essa prima não era de modo algum destinada a desempenhar o papel, bem conhecido, da esposa autoritária e cruel; ela é, com efeito, masoquista como M., e é precisamente ao descobrir sua perversão comum que eles se aproximarão um do outro. Certamente eles terão oportunidade de infligir-se mutuamente algumas sevícias, "por afeição um pelo outro" de algum modo. Mas não é o essencial, porque torturas, sevícias e humilhações são impostas o mais das vezes por um, ou dois terceiros, sempre homens, que desempenham o papel de sádicos. O lugar da vítima é ocupado tanto por M. quanto por sua esposa. Esta sofre tais torturas, é dominada pela exigência perversa a um tal grau que sua energia se perde inteiramente. Ela morre aos 23 anos, de tuberculose pulmonar. A título de exemplo de suas práticas, direi apenas que ela se fazia possuir pelo sádico, enquanto estava suspensa pelos seios atravessados por ganchos de açougueiro. Ela havia sido, em múltiplas ocasiões, crucificada "no chão, pois em posição vertical ela corria o risco de asfixia". M. exagerava sobre esse ponto? Ele me deixava igualmente perplexo quanto à sua capacidade de cobrir a pé, durante suas férias, distâncias que chegavam a centenas de quilômetros. Uma outra circunstância evocada por ele podia desconcertar: ele teria sido uma vez vítima de uma agressão noturna, à qual teria reagido pegando seu agressor pela garganta de tal modo que ele o teria deixado como morto. M. pensava mesmo tê-lo matado, pois teria sido descoberto no dia seguinte o cadáver de um homem portador de uma fratura da laringe. Se duvidei da verdade desses últimos dois pontos, foi sobretudo porque eles me pareceram essencialmente ligados a um momento preciso da entrevista. De toda evidência, eles tinham na relação que M. havia tido comigo uma função bem determinada, na medida em que eles traíam sua convicção profunda de dispor de uma potência sem igual.

De sua vida conjugal, breve, pois ela durou apenas oito anos, convém assinalar alguns aspectos. Primeiro, constata-se uma relação afetiva rica. M. parece ter sido profundamente apegado à sua mulher, que ele descreve como doce e amorosa: "Oito anos de casamento", diz ele, "oito anos de felicidade sem nuvens." Na sequência, sabe-se que durante os três primeiros anos de casamento houve uma atividade sexual "normal", fonte de prazer, mas seguida paralelamente pelas práticas masoquistas, as quais, por consequência, podem não ter sido em todos os momentos uma necessidade. A renúncia definitiva ao coito foi considerada por M. como fazendo parte integrante das exigências masoquistas. Aparecendo alguns anos após o nascimento de sua filha, essa renúncia definitiva foi ordenada por um sádico, a esposa de M. tendo dado seu acordo, sancionado pela colocação do anel mencionado. Para M., sua mulher parecia desempenhar um duplo papel: de uma parte, quando ela sofria as sevícias infligidas pelo ou pelos sádicos – por vezes eram dois –, ela oferecia ao seu marido, que se masturbava ao mesmo tempo, a possibilidade de identificar-se com o que ela sofria; de outra parte, ela lhe dava uma ocasião suplementar de viver uma humilhação, quando então, sufocando entre o estrado e o colchão, ele assistia às relações sexuais que sua mulher tinha em cima dele com o parceiro, o qual acabava por esbofeteá-lo, por lhe fazer beijar as mãos e os pés, e ordenar-lhe que absorvesse seus excrementos.

A morte de sua mulher, à qual as sevícias sofridas seguramente não eram estranhas, afetou profundamente M. Ele cai num estado depressivo e contrai uma tuberculose pulmonar, da qual se cura completamente após dois anos de sanatório.

As práticas masoquistas, que tinham cessado durante esse período, são retomadas, sobretudo com homens prostitutos, porque as relações com seus antigos parceiros tinham terminado. Um novo casamento com uma prostituta, que tinha sido escolhida com a esperança de encontrar uma companheira especialista, termina rapidamente por um divórcio. As atividades ilegais dessa segunda esposa, atividades de alcoviteira em particular, o deixavam exposto a procedimentos judiciários, o que ele queria evitar a todo custo. Ele dá a entender, por outra parte, que estava chocado pela falta de moralidade da nova companheira. Desse casamento, ele conserva somente a mocinha que empregava e que ele adotou como filha. M. tem, então, 46 ou 47 anos. É o momento no qual as práticas perversas param completamente. Sua vida, doravante, se passa inteiramente no meio familiar que foi criado, ao qual ele é fortemente ligado e que não sabe nada do seu passado particular. Com sua verdadeira filha, ele não tem praticamente mais nenhuma relação a não ser por carta. Ele me dirá que não acredita que ela seja masoquista, "salvo que ela teve dez filhos".

Antes de abordar o exame das questões que decorrem de um tal caso, parece-me necessário destacar em particular três elementos: 1. o masoquismo de M. do ponto de vista de sua evolução; 2. sua relação com a dor física; 3. suas relações com o outro.

Filho único de pais idosos, M. descreve seus pais como cheios de solicitude por ele; uma mãe cheia de ternura, um pai um pouco rígido. M. teria sido muito apegado a eles e teria sobretudo se aproximado progressivamente de seu pai, o qual era atento à sua escolaridade, sem severidade excessiva. Tudo isso pode parecer banal. Contudo, M. lembra-se de ter visto, por volta de seus quatro anos, uma menina, uma vizinha, da qual guardou na memória mesmo seu nome, e que comia excrementos. A esse respeito, ele diz: "Fiquei enojado, mas depois voltei a pensar nisso." Da mesma forma, num outro momento da entrevista, acerca de uma leitura sobre os faquires, ele me diz: "À primeira vista, isso me pareceu terrível, depois voltei a pensar a respeito." A precocidade da aparição do masoquismo erógeno, com frequência evocado por diversos autores, existe em M., pois as práticas começaram quando ele tinha dez anos. Foi no colégio que ele tomou consciência de sua busca por punições corporais, de sua atração pela urina. Após um tempo bastante breve, em que a repugnância parece tê-las detido, as práticas masoquistas retomam e se amplificam. Sodomizado por um vigia, ele se torna objeto de sevícias múltiplas de seus colegas, sevícias cujo caráter sexual era evidente. Contudo, seus colegas recuavam com frequência, não ousavam passar completamente ao ato, por exemplo, para atravessar-lhe o braço com agulhas; eles se contentavam em lhe dar a ordem. Nos jogos sexuais, ele adotava exclusivamente uma posição feminina: "Eu era claramente a menina pública e isso me satisfazia." É com o casamento que seu masoquismo se desenvolve completamente. M. e sua mulher, mesmo tendo, como disse acima, uma atividade sexual normal, se engajam paralelamente num masoquismo compartilhado: "Gostei de sofrer por ela, e ela por mim." A seguir, o pensamento de um terceiro se impôs. Um, depois dois amantes regulares vão partilhar durante três anos sua existência. Se considerarmos a evolução do caso, o peso do fator constitucional parece incontestável, pois M. casou-se com uma prima, a qual tinha começado as práticas masoquistas desde os onze anos, numa época em que ela não o conhecia ainda (ela já se introduzia agulhas sob as unhas). Além do mais, M., com 21 anos, descobre, por ocasião da morte de seu pai, ao vasculhar sua correspondência, que esse era sem dúvida igualmente um masoquista. Além desse elemento constitucional importante, é preciso também notar a extinção do masoquismo de M. entre seus 45 e 50 anos. No começo desse período, ele tem ainda algumas raras aventuras homossexuais, depois, toda prática perversa desaparece. Todavia, fato notável, frequentes poluções noturnas se produzem ainda, seguindo sonhos eróticos, cujo conteúdo tornou-se perfeitamente heterossexual e cada vez mais raramente masoquista. M. me diz que nos seus sonhos ele se encontra com uma mulher "voluptuosa com a qual as relações sexuais aproximam-se do amor normal". Ele acrescenta: "O interesse extinguiu-se, eu tinha evoluído, a julgar pelos meus sonhos, voltou a ser normal." (Com efeito, seus antigos sonhos tinham um caráter estritamente masoquista). O masoquismo de M. descreve uma verdadeira trajetória desde o momento que precedeu sua aparição clínica – essa *constituição* à qual o próprio M. atribui uma grande importância – até o momento em que a perversão se extingue. Durante um longo tempo, e isso desde a pré-puberdade, a perversão parece ter sido quase o único ocupante da cena. Porém, se consideramos que a seguir M. fora capaz de ter paralelamente uma atividade sexual normal, que seus sonhos reencontram tardiamente, pode-se dizer que a perversão, tão ligada ao destino do sujeito, foi como que acrescentada à sua sexualidade "normal" para responder, pode-se supor ao menos, a uma exigência econômica. Considerando tais evoluções, fui levado a preferir ao termo masoquismo a denominação *movimento masoquístico*, que implica a ideia de um desenvolvimento no sentido do masoquismo moral (cujo masoquismo perverso de M. seria um *fracasso*). Esse *fracasso* do desenvolvimento explica, a meu ver, o caráter maciço e radical da perversão, da qual tracei o quadro. É o motivo pelo qual M. ficou parado numa fase primitiva do movimento que, nele, as leis comumente enunciadas sobre o masoquismo perverso não se verificam. Por exemplo, os órgãos genitais de M. não são absolutamente preservados. Da mesma forma, no seu caso, não é verdade que as torturas masoquistas reais sejam menos graves do que as crueldades imaginadas. Enfim, não se encontra tampouco na sua vida a mulher cruel e autoritária, da qual o masoquista faz classicamente sua parceira, mas pelo contrário, um outro ele mesmo, masoquista como ele e vivendo suas práticas da mesma maneira radical, que impõe aqui uma parada precoce do movimento.

Quanto ao problema da dor física, abordada do ponto de vista de sua misteriosa capacidade de levar ao êxtase erótico e ao orgasmo, M. nos ensina que é justamente o sofrimento, e não a angústia e o terror, como sustentaram certos autores, em particular Theodor Reik, que se associa primeiro ao prazer e depois ao gozo orgástico. O elo elementar entre a intensidade da dor e a intensidade do gozo é subjacente a todos os propósitos de M., e por vezes mencionado explicitamente: "No conjunto", diz ele, "é a dor que desencadeia a ejaculação." Daí a atitude característica do masoquista, que exige incessantemente de seu parceiro um aumento das torturas. M. fala de bom grado dessa escalada de violência. Nesse momento, ele não teme mais nada, e é o sádico que recua diante do caráter extremo do pedido: "No último momento, o sádico sempre dá pra trás." Parece, em suma, que a dor assume uma dupla função: de uma parte, ela catalisaria a excitação sexual, de outra parte, ela amplificaria e levaria ao acme, perdendo ela própria sua especificidade. Nesse sentido, nenhum limite lhe é imposto. "Toda a superfície do meu corpo era excitável por meio da dor." Isso indica uma mutação radical da sensibilidade. Contudo, a dor em si mesma não constitui o prazer terminal. Ela é tão somente o meio. M. sabe perfeitamente fazer a distinção: "No lugar mesmo, no começo, eu sinto dor, depois vem a ereção. Se continua, vai-se mais longe, o prazer corre solto [...] A ejaculação ocorria no momento em que a dor era mais forte [...] Depois da ejaculação eu sofria de modo bestial." É bem esse aspecto da dor como meio que Freud tinha em vista em *Le Problème économique du masochisme* (O Problema Econômico do Masoquismo), quando ele afirma que "a dor e o desprazer não são os objetivos, tampouco sinais, porém os meios de atingir um objetivo que é sempre o prazer"[1]. Numa tal transmutação, ainda existe dor propriamente dita? Poderíamos discutir, pois a dor, nesse caso, é apenas um dos numerosos processos internos que, segundo Freud, contribuem para a excitação sexual "desde que

---

1   S. Freud, *Névrose, psychose et perversion*, Paris: PUF, 1973.

sua intensidade tenha ultrapassado certo limiar quantitativo". Ela só é privilegiada na medida em que ela está, muito mais facilmente que outros processos, à disposição do indivíduo. A prova de que a dor pertence ao domínio dos "meios" e da quantidade é que M. exige sem cessar estímulos mais fortes que, em vista do seu alto nível, são incomparáveis com os jogos preliminares. Porém, M. não pede somente torturas cada vez mais dolorosas. Ele quer prolongá-las, suspendê-las, recomeçar, variar, no que ele se mostra, sem sabê-lo, um bom adepto de Freud que diz, por exemplo, em *Malaise dans la civilisation* (O Mal-Estar na Civilização): "Toda persistência de uma situação que fez desejar o princípio de prazer engendra apenas um bem-estar bastante morno; somos feitos de tal maneira que só o contraste é capaz de nos proporcionar um gozo intenso, enquanto o próprio estado nos dá muito pouco." M. tornou-se mestre na arte de provocar o contraste, isto é, os aumentos e diminuições da quantidade de estímulos num certo intervalo de tempo. Com as noções de quantidade e de tempo, possuímos os dados característicos que esclarecem em parte a singular cumplicidade da dor física e do gozo. Da busca infinita da dor, tal como M. nos dá um exemplo, pode-se deduzir logicamente uma necessidade infinita de gozo. É para obter um gozo tão agudo quanto possível que M. organiza as sevícias cruéis, que devem lhe ser infligidas. Ele experimenta sem dúvida "a alegria de satisfazer um instinto que permaneceu selvagem, não domesticado pelo ego", que, segundo Freud, "é incomparavelmente mais intenso que a alegria de satisfazer um instinto domado" (*Malaise dans la civilisation*). Porém, estaríamos errados em acreditar que ele é livre para querer ou recusar tal alegria. Paradoxalmente, ela lhe é imposta. Ele é, por assim dizer, condenado a gozar e é o que torna sua figura tão desagradavelmente decifrável. Sofrer os piores tormentos para gozar em virtude de uma obrigação absoluta, tal é a fatalidade que M. teve de suportar a maior parte da sua vida.

Da mesma maneira que as relações de M. com a dor física, suas relações com o outro se separam, sob certos aspectos, do quadro geralmente admitido. Como se sabe, a maior parte dos autores sublinham a busca da humilhação. Sobretudo, me parece, quando eles têm tendência a relegar a um segundo plano a dor física considerada em si mesma: as sevícias seriam apenas raramente impressionantes, respeitariam os órgãos genitais, o sofrimento não ultrapassaria certo limiar etc. Vimos, nesse caso aqui exposto, que tudo era diferente disso e que a dor física era precisamente o objeto de uma escalada de violência. Contudo, é evidente que se dor física e humilhação pertencem a dois registros diferentes, o fato de a tortura ser obrigatoriamente infligida por um terceiro, ou executada sob sua ordem, cria entre os dois fenômenos um elo dos mais estreitos. Como M. vivia essa correlação? Segundo ele, o que ele desejava era "antes de mais nada um aviltamento da personalidade". Para realizar esse "verdadeiro suicídio moral", tudo lhe era útil, desde que M. e sua mulher "fossem verdadeiramente dois escravos de dois amantes". Tudo, isto é, além das torturas, do tapa banal ou da ordem de se entregar à coprofagia, que parecesse ser capaz de prolongar o "prazer psíquico" após a ejaculação. A homossexualidade que aqui salta aos olhos é a confissão de M. destinada em grande parte a servir à necessidade de humilhação. Para ele, a prática homossexual tem o sentido de uma injúria, o que atestam as frases que ele se obrigava a inscrever em sua própria carne para tornar a sua decadência manifesta: "Eu dava a impressão de ser invertido, porém eu não o era por prazer, mas por humilhação. Eu não experimentava satisfação física, isso se passava no plano moral." M. se descrevia como animado por uma poderosa necessidade de ser humilhado – necessidade que a homossexualidade teria sido apenas um instrumento – e de ver sua vontade completamente aniquilada. Incessantemente, em suas declarações, retornavam expressões como: "abstração da vontade", "aniquilamento total da vontade", "a vontade não existia mais", "abolição da vontade" etc. O que não deixava de mascarar alguma coisa, apesar do estilo geral do discurso que, no conjunto, permanecia comedido, sem traço de teatralidade importante. Contudo, havia algo de excessivo nessa afirmação de renúncia à vontade "em benefício daquele que comandava". De súbito, M. não era mais apenas o objeto passivo de sevícias exercidas por um outro, não era mais apenas aquele que se deixava levar, ele passava à ação, claramente de maneira discreta e sem parecer, graças precisamente à renúncia ostensiva que, por radical que fosse, dava-lhe de fato a iniciativa. Alguns veriam nisso um ato de submissão em relação a uma personagem encarregada pelo sujeito de seu próprio sadismo. Ou ainda a expressão do desejo

130 TERCEIRA PARTE

em fantasia de ser manipulado sexualmente e ser espancado pelo pai. De fato, M. apresentava sua decadência ao multiplicar as provas para que se fosse tentado a colocar em dúvida ou ver aqui alguma outra coisa. Sabemos há muito tempo que o servilismo e a submissão do masoquista traem os afetos exatamente contrários. Theodor Reik, em especial, faz alusão a isso, ainda que num contexto diferente, para sublinhar que as cenas masoquistas são inversões de cenas sádicas, a reanimação, a reprodução do que as crianças imaginaram ser a atividade sexual dos adultos. M. confirmava essa maneira de ver, porque por trás de sua fachada de amenidade e seu desejo confesso de se encontrar numa situação diante de mim, eu adivinhava o desprezo profundo que eu lhe inspirava, um não-sei-o-quê malicioso na sua atitude, talvez o que incitou Theodor Reik a falar de zombaria. "O masoquista", diz Theodor Reik, "é guiado pelo orgulho e pelo desafio de Prometeu, mesmo quando ele quer se apresentar como Ganimedes."[2] Esta também era a opinião de Wilhelm Reich. Quando M. se aviltava numa espécie de fecalização de si mesmo, claramente expressa, identificando-se com uma figura feminina decaída, era para criar uma nuvem de fumaça. Agia da mesma forma no que concernia à aniquilação da sua vontade, que também era simplesmente uma máscara. Abolir em si toda vontade é renunciar à posse do falo anal e narcísico. Assim, renunciar a toda espécie de poder. E é isso o que M. teria querido? Não era nada disso, sua renúncia ao emblema fálico não era de fato mais do que a cobertura de uma afirmação onipotente. Ou, mais exatamente, ele não renunciava a nada; de início, a relação erótica era querida por ele, em seguida, desde que ela tivesse cessado, ele retomava toda a sua liberdade em relação aos que pretensamente o tinham como escravo e não se deixava impor mais nada. A essa afirmação de onipotência, se bem que camuflada, correspondia um imenso orgulho, que transparecia quando M. evocava as terríveis torturas que havia suportado. Ele era quase único; ele havia ouvido falar de uma pessoa mais forte do que ele e que vivia numa jaula cheia de pontas. Era somente, dizia ele, o temor de complicações médico-legais e também a complexidade dos problemas de hemóstase que o teriam feito recuar diante de mutilações ainda

2  T. Reik, *Le Masochisme*, 2. ed., Paris: Payot, 1953, 1971.

UM CASO DE MASOQUISMO PERVERSO: ESBOÇO DE UMA TEORIA

mais importantes, a amputação do pênis, por exemplo. Era também o orgulho e o desprezo por seu parceiro que lhe faziam dizer, como de passagem, que "o sádico dá sempre pra trás no último momento". Evidente que se a afirmação orgulhosa era realmente desmedida, para além da cortina da humilhação, é porque ela era reativa e dissimulava alguma coisa, uma ferida essencial, talvez consecutiva ao fracasso da satisfação alucinatória, a qual, como se sabe, tende a reduzir o lugar e o valor do objeto primitivamente odiado. O orgulho encontrando seu fundamento a uma só vez na realização anal e na afirmação fálica, *os sofrimentos suportados representavam de fato um falo poderoso*, graças ao qual o sujeito podia procurar curar a ferida narcísica primordial que tinha atingido seu ser.

Vimos que a relação de M. com o outro é feita profundamente de orgulho, de desprezo, de desafio, de um sentimento de superioridade. Mas o outro, para ele, quem é? Não é uma personagem unívoca: de certo pode-se identificá-la facilmente com o sádico, e essa sombra tende a recobrir todos os objetos, mesmo o interlocutor ocasional, como eu havia podido me dar conta no decorrer das entrevistas. Esse interlocutor encontra-se duplamente desvalorizado, primeiro enquanto sádico potencial, a seguir enquanto parceiro incapaz de jogar o jogo. A relação terna que M. mantivera com sua mulher parece não entrar nesse sistema. Mas é verdade apenas em parte, porque desde que as coisas passam ao plano erótico, os dois protagonistas são suscetíveis de mudar de papel, de maneira que cada um pode tornar-se espectador e, graças a uma dupla identificação, participar ao mesmo tempo como vítima e carrasco. De modo implícito, é precisamente ao que Reik fazia alusão ao descrever a existência de um tempo intermediário no desenvolvimento do masoquismo. Para ele, o sujeito, que não pode efetuar ataques sádicos contra o objeto, toma o lugar desse, sofre a cólera, e dirige contra si mesmo a violência, que queria infligir àquele. O terceiro se tornaria apenas secundariamente necessário, a fim de desempenhar o papel de agressor e tomar o lugar do sujeito: "O sádico deverá tratar o ego da maneira com que o ego teria querido tratar uma outra pessoa, e, no entanto, tratou-se a si mesmo." Nessa perspectiva, teria ocorrido, então, a transformação do sadismo original em autossadismo, depois a substituição deste pelo masoquismo, graças à introdução de um terceiro. Do meu ponto de vista, diria que, diretamente ou por procuração, o outro é antes de mais nada o parceiro sádico, isto é, uma personagem destinada ao desprezo, que perde seu pleno valor de objeto para reduzir-se a uma função instrumental, positivamente fecalizada. O estudante sádico, que partilhou a vida de M. e de sua mulher, era pretensamente onipotente, ditava ordens imperativas, enquanto mais fundamentalmente ele era considerado como valendo nada. M. afirmava que ele não existia como sujeito, que ele apenas dava corpo às fantasias do sádico. Por pouco, ele não teria existência própria. Nisso ele enganava seu interlocutor, porque exprimia um desejo de que o outro fizesse com que ele, M., não tivesse existência. M. estava pronto a se submeter a todas as investigações, a noção de reticência lhe era perfeitamente estranha, e mesmo literalmente inconcebível, porque mostrar-se reticente teria sido exercer um ato de vontade, portanto, anular-se. Dessa maneira, o parceiro ou o interlocutor encontrava-se paradoxalmente despossuído do poder de falar e desejar. Assim, o masoquista, sob a cobertura de uma afirmação teatral de sua nulidade, subjuga, de fato, o sádico, ao fazê-lo endossar forçado o papel que ele, o masoquista, parece ter. A onipotência que M. conferia ao seu parceiro era verdadeiramente uma zombaria. E eu não creio que o masoquista perverso seja completamente inconsciente de sua atitude profunda. Em todo caso, ele não pode impedir-se de deixar adivinhar. O assujeitamento ao qual o masoquista condena o sádico é, em parte, tão bem velado que poder-se-ia pensar que é a chave de toda a história; de fato, ele deve recobrir um outro, ao qual o masoquista está condenado.

No ponto da discussão onde chegamos, convém considerar de perto três questões levantadas pela maior parte dos trabalhos sobre o masoquismo perverso; quero referir-me às questões da angústia, da castração e da fantasia. No quadro manifesto, que oferece comumente o masoquista perverso, a angústia não tem lugar. Os autores afirmam, contudo, sua presença, ao postular que ela aumenta na mesma proporção que a excitação sexual, de maneira que a proximidade do orgasmo é vivida como um perigo. Seria esse o papel essencial do fator de espera, ao qual Reik, por exemplo, atribui grande importância. Nessa perspectiva, o mecanismo masoquista teria por função evitar o desenvolvimento da angústia, evitar de ligá-la imediatamente. O masoquista seria tido como sofrendo de uma intolerância particular com relação à angústia, da qual ele não suportaria o aumento. Grunberger, por seu lado, nota que o masoquista foge do prazer para colocar-se ao abrigo da angústia. O gozo, diz ele, torna-se possível graças à dor que mistificaria o superego. Isso é verdade, mas unicamente no caso do masoquismo moral e, até certo ponto, no do *masoquismo feminino*. Em nosso sujeito, o aumento da excitação sexual comandava uma exigência suplementar de sofrimento físico, a qual, por sua vez, aumentava a excitação. Não se pode dizer que M. se expunha ao sofrimento para evitar a angústia. Esta era imediatamente *rejeitada*, curto-circuitada; e no seu lugar reinava a dor, não como prazer, mas como agente direto do prazer. Na minha opinião, há uma distinção, não unicamente formal, que implica necessariamente uma diferença radical de nível, sensível em particular numa carência da capacidade de simbolização, que não existe no masoquista moral. Ver no masoquismo moral, como o faz Grunberger[3], uma defesa oposta ao objetivo pulsional, isto é, à castração do pai ao modo sádico anal a favor de uma identificação com a má mãe, é pertinente para um sujeito rico de capacidades de representação, de transformação, de simbolização capaz, pois, de um trabalho psíquico muito elaborado. Mas é difícil conservar o mesmo esquema no caso do perverso, pois, aí, o ego estando já perfeitamente advertido que o sofrimento conduz diretamente ao prazer, é pouco provável que o sofrimento físico conseguisse mistificar o superego. Bem considerado, não se pode falar do superego da mesma maneira nas duas formas de masoquismo, o perverso sendo capaz de acomodar um setor de sua vida onde o Ideal do ego conserva seu poder. A existência desse setor não parece, no entanto, como se poderia esperar, permitir o desenvolvimento de um masoquismo moral. M., como vimos, não mostrava nenhum traço de masoquismo na condução de sua vida, era perfeitamente capaz de atingir seus objetivos, impunha, por exemplo, suas exigências aos seus empregadores, prevalecendo-se de qualidades profissionais reconhecidas. Nele, tudo se passa, pois, como se os traços latentes do masoquismo moral tivessem sido capturados para servir unicamente ao prazer

---

3   B. Grunberger, Esquisse d'une théorie psychodynamique du masochisme, *Revue Française de Psychanalyse*, 1954, v. XVIII, 2.

sexual, o que não deixa lugar algum para a noção de necessidade inconsciente de punição. Em contrapartida, M. apresentava uma carência do superego no setor reservado do masoquismo perverso. Mas, então, se nesse caso o masoquismo não representa a necessidade inconsciente de punição, se não pode ser tampouco considerado como uma cobertura defensiva de um desejo inconsciente de castração sádica anal do pai – se bem que um tal desejo não esteja completamente ausente, ao menos nas relações do sujeito com o outro –, podemos perguntar: o que teme o masoquista perverso? Que deseja? Eis aí, *ele não teme nada, nem mesmo a castração; ele deseja tudo, até mesmo a castração*, o que está ao seu alcance graças à posse de uma arma absoluta, literalmente fisiológica: *a potência orgástica*. Encontra-se nos escritos de numerosos autores, a começar por Wilhelm Reich, que o sofrimento do masoquista é o menor mal, aceito para evitar o castigo mais grave da castração. Ora, no caso de M. tudo se passava como se a ideia de castigo não ocorresse. Mais, o sujeito vai tão longe quanto possível na mutilação castradora, e não somente as sevícias atingiam realmente os órgãos genitais, mas estes são utilizados para contribuir poderosamente ao prazer orgástico. Aqui, o elo fundamental entre mutilação genital e castração é radicalmente modificado, mesmo destruído. De uma só vez, a castração, enquanto fantasia organizadora primordial do desejo humano e da estrutura da personalidade, simplesmente não tem mais realidade. O sujeito permanece à margem de todo verdadeiro valor simbólico, onde se exprime a primazia do falo, e sua potência orgástica lhe assegura uma posição megalomaníaca inviolável. Posição de alguma maneira operacional, na qual o outro é negado como sujeito suscetível de desejo e remetido a uma função puramente instrumental. Esse outro, sua identidade mesmo, é problemática. M. não sabia mais os nomes dos parceiros sádicos que durante muitos anos tinham partilhado de sua vida. Seguramente, ele fazia certa distinção entre seu pai e sua mãe, mas essa distinção se baseava em elementos caracterológicos; ele só reconhecia as leis da filiação num plano biológico – pai masoquista, prima masoquista ela também – para negá-los na ordem relacional. De mais, as pessoas se confundem: ele é como sua mulher, sua mulher é como ele, ela é sua parente, ele é como seus pais. Não são identificações no sentido ativo e diferenciado, que toma o processo nas estruturas neuróticas, mas fenômenos puramente duplicativos. Nessas condições, concebe-se que sua personalidade se tenha essencialmente estruturado fora da problemática edipiana[4].

Ao tratar da angústia e da castração, levantei necessariamente a questão da atividade da fantasia ou antes de suas carências que, no perverso, me parecem características. Nesse ponto eu me encontro em contradição com a maior parte dos autores. Principalmente com Theodor Reik, que afirma a precedência das fantasias sobre a perversão "agida". No seu espírito, a fantasia preparatória é não apenas indispensável, mas patognomônica. "No começo [...] não existe ação, mas imaginação." Essa proposição me parece inaceitável, a menos que se queira identificar fantasia e programação. Pois é precisamente programação que observamos em M., uma programação seca e, em suma, bastante pobre. O imaginário nele era de tal maneira falho que ele tinha de buscar "ideias" por todos os lados, nos livros sobre masoquismo, sobre a Inquisição, no exemplo de alguém etc. O mais evidente era o caráter estereotipado e repetitivo de suas atividades perversas; ao contrário do que pensa Reik, a realização ultrapassava de longe a concepção. Impossível aqui considerar a fantasia como motor primeiro do ato perverso. A fantasia está tão menos implicada quanto mais implicados estão o comportamento e a ação, ou, em outros termos, ação e atividade de representação encontram-se numa relação invertida. O que não quer dizer, é claro, que a atividade da fantasia seja completamente inexistente, mas que ela é rudimentar e intervém apenas secundariamente, num determinado momento da trajetória do que denominei *movimento masoquístico*, como instrumento do *processus* de mentalização pelo qual os fenômenos econômicos elementares são progressivamente integrados. Nesse caso, tudo se passa como para o doente psicossomático, com o qual o masoquista perverso apresenta semelhanças evidentes: um e outro têm uma sintomatologia dominada pelo econômico e eles se estruturam grandemente à margem do Édipo. Assim, acredito que as divergências que assinalei entre minha maneira de ver e a de numerosos autores são: as fantasias que eles descreveram são bem reais, mas para

4 Ponto de vista próximo ao exposto por Joyce McDougall no artigo "Le Spectateur anonyme", *L'Inconscient*, n. 6, abr.-jun. 1968.

mim elas não são geradoras da perversão, são antes o *relato*, um relato elementar traduzindo um esforço de mentalização de pouco alcance. A intuição, que anima o filósofo Gilles Deleuze a respeito de Sacher Masoch: "Do corpo à obra de arte, da obra de arte às ideias, existe uma ascensão que se deve fazer a chicotadas"[5], a observação clínica só pode confirmar, salvo que para nós a trajetória do movimento masoquístico não conduz exatamente às ideias, mas antes ao masoquismo moral, após o desencadeamento magistral do processo de repressão.

A esse ponto do desenvolvimento, vimos organizar-se toda uma série de elementos relacionando-se entre si: 1. A busca manifesta da humilhação, que é o resultado de uma atitude profunda feita de orgulho e de desprezo pelo outro, a articulação sendo a afirmação ostensiva de uma renúncia total a toda vontade; 2. A situação marginal em relação à problemática da castração e assim ao Édipo; 3. A carência da fantasia em sua relação com a aquisição do sentido da castração simbólica; 4. A *falha* de masoquismo moral considerado como o final do movimento masoquista tendo chegado a uma plena mentalização; 5. A busca de sofrimento físico como via de obtenção de prazer (tudo se passando como se o gozo fosse uma exigência colocada ao masoquista).

Porém, tão indiscutível que seja o quadro assim reconstituído, o mais estranho permanece sem explicação: é a virtude do sofrimento físico, a mutação da qual ela é objeto, e que a torna capaz de abrir caminho ao prazer, depois aliar-se a ele totalmente, no qual o acme de um corresponde ao acme do outro. Como o sofrimento físico leva ao gozo? A esse tópico só podemos avançar hipóteses. Freud, por seu lado, aceita antes de mais nada as causas de ordem biológica e constitucional ao sublinhar que "talvez não se passe nada de importante no organismo que não forneça seu componente à excitação do instinto sexual". O que acentua precisamente o aspecto econômico do problema. Após ter pensado que o masoquismo procedia de uma derivação da pulsão sádica, ele concebeu igualmente a possibilidade de uma orientação primitiva de um instinto de destruição dirigido ao ego: "O masoquismo pode sobretudo ser primário [...] a orientação da tendência sádica

5   G. Deleuze, *Présentation de Sacher Masoch*, Paris: Minuit, 1967.

UM CASO DE MASOQUISMO PERVERSO: ESBOÇO DE UMA TEORIA

dirigida ao ego seria apenas um retorno a uma fase anterior, uma regressão." O sadismo, "instinto de morte que a libido narcísica destacou do ego e que só pode ser exercida sobre um objeto", deriva consequentemente do masoquismo, o qual se torna uma manifestação do instinto de destruição. Porém, aqui uma questão se coloca: em virtude do que um sujeito é conduzido a guardar em si uma tal massa de destrutividade? Seria para proteger o objeto? Vimos que M., se bem que ele amasse profundamente sua mulher, não deixava de contribuir menos diretamente à sua destruição. Por um lado, sua mulher não estando completamente distinguida dele em função do caráter incerto das identidades em jogo, ele era ainda masoquista através das sevícias que ela sofria. Quanto ao sádico, detentor aparente dos instrumentos de destruição, era reduzido ao papel de puro agente e, por isso mesmo, não saía da órbita egoica de M. O masoquista, diz Phyllis Greenacre, atrai e descobre o sádico como que para se completar a si mesmo[6]. Com efeito, M. e seu torturador são um e um só, o qual, na minha opinião, poderia muito bem ser apenas a parte original do ego no não ego, parte sobre a qual se projeta uma tendência destruidora poderosa. Teríamos aí uma explicação plausível da retenção das forças destrutivas no interior do sujeito, que poderíamos completar pela hipótese freudiana segundo a qual "uma parte do instinto destruidor não vertido para o exterior permanece incluída no organismo, garroteada pela coexcitação libidinal". Porém, permaneceríamos pouquíssimo esclarecidos sobre as relações da dor física com o gozo e não saberíamos grande coisa sobre seu valor funcional. Para tratar de ver um pouco mais claro esses problemas, que tocam a própria essência do masoquismo erógeno, parece-me ser necessário retornar ao exame do instinto de morte, ou, mais exatamente, das pulsões destruidoras às quais acordamos aqui um valor decisivo. Não é preciso dizer que o farei necessariamente de maneira um pouco sumária, antecipando um trabalho que me proponho consagrar a esse aspecto da teoria.

Para começar, creio ser necessário separar duas noções comumente associadas: o instinto de morte e as pulsões de destruição. Com efeito, um processo destruidor é algo que é causa de divisão,

---

6    P. Greenacre, Perversion. General Considerations Regarding their Genetic and Dynamic, *Psychoanalytical Study of the Child*, v. 23, 1968.

de cisão, de fragmentação e, assim, até certo ponto, de desorganização. Porém, a experiência clínica mostra que, ao nível da fantasia, a vida pode continuar em cada uma das partes que resultam da fragmentação. É então uma outra forma de existência que prossegue. De resto, os adeptos do instinto de morte concordam, em geral, em reconhecer que este não é jamais percebido enquanto tal, só podemos observá-lo emaranhado com a libido, ou sob forma de *processus destruidores* dirigidos contra os objetos, ou contra o ego, o que implica certo grau de elaboração psíquica no sentido da integração. Por outro lado, existem claramente fenômenos para os quais a ideia de uma tendência letal parece se impor. São justamente aqueles – repetição, neuroses traumáticas, reação terapêutica negativa etc. – que Freud invocou para apoiar sua teoria. Ora, aí o que chama a atenção clinicamente é, antes de tudo, um defeito de integração das tensões e dos conflitos ao nível psíquico. O fator atual domina e observa-se uma tendência à descarga total da excitação. Encontramos o mesmo defeito de integração em certas afecções somáticas graves, com a mesma tendência à descarga pulsional total, que esvazia o ego de todo seu investimento narcísico. Concebe-se que os processos portadores de uma tal fatalidade possam passar pelo efeito de um *instinto especial;* de minha parte, prefiro falar de um *destino especial do instinto*, cujo objetivo último seria não uma destruição ativa – divisão, fragmentação –, mas uma verdadeira *extinção*. Originariamente, talvez, e seguramente quando é quantitativamente excessivo, o instinto sexual tende a se resolver em excitação pura, isto é, a atingir uma satisfação absoluta através de uma descarga total e imediata, que não leva em conta a necessidade de manter a integridade estrutural do organismo. Essa tendência prevalecendo, o organismo é ameaçado de extinção, porém nada autoriza a dizer que ele é destruído, como fosse o objeto de um instinto destruidor primário identificável. Se ela não encontrasse nenhum obstáculo, a tendência à descarga total, com o risco de extinção que ela comporta em si, seria para o ser um destino fatal rapidamente realizado. Mas o investimento libidinal do recém-nascido pela mãe vem compensar em parte a carência dos sistemas protetores, no sentido de desempenhar o papel de um contrainvestimento e que, por isso, permite satisfações instintivas *limitadas*. Por um lado, como ele se opõe ao movimento de

UM CASO DE MASOQUISMO PERVERSO: ESBOÇO DE UMA TEORIA 139

descarga total, tem necessariamente um caráter frustrante. Essa dupla função do objeto, que o funda enquanto tal, vai conduzir a projetar sobre ele a origem da excitação em excesso, que desde então torna-se propriamente persecutória. A favor dos *processus* de projeção e de introjeção, o excesso de excitação se transforma em tendência destruidora. Em outros termos, a quantidade se transforma aqui em qualidade e o econômico puro passa para a esfera das significações. Doravante, a atividade elaboradora, da qual depende a integração pulsional, é implicada com a participação do objeto que, ao propor ao recém-nascido, e depois à criança, todo um mundo de representações, ajuda-o a aceder à faculdade de simular, imaginar, simbolizar. Assim, em última análise, a tendência destruidora que fragmenta a entidade primeira, na qual objeto e sujeito são ainda pouco distinguidos, não é um instinto primário isolável, mas claramente uma emanação da libido, que serve à delimitação do ser e por isso contribui à individuação.

Entre os diversos fatores que podem entravar essa evolução, existe um ao qual atribuo um peso considerável, de acordo com o pensamento mais constante de Freud; trata-se do fator constitucional, que basta para explicar uma potência excepcional do instinto. Vimos que quanto mais o instinto sexual é poderoso, mais ele tende inexoravelmente à descarga total, isto é, a um mecanismo que curto-circuita o aparelho psíquico. De outra parte, esse excesso de quantidade, por pouco que se encontre associado a uma carência objetal, ameaça as capacidades de integração mental, e isso tanto mais quando o aparelho psíquico não atingiu um desenvolvimento suficiente. A ligação das excitações somáticas com as representações permanece precária, as representações são pobres e incapazes de se organizar sob forma de cenário fantasioso. As tendências destruidoras permanecem rudimentares, na medida mesmo em que elas são mal distinguidas, o que as impede de desempenhar com plenitude seu papel no *processus* de individuação. Essa coexistência de uma tendência à descarga total, que se torna positivamente irresistível, e de uma destrutividade bruta de medíocre valor funcional, sela o destino do sujeito.

Tal é o estatuto do masoquista perverso, em quem o excesso constitucional de quantidade se exprime primeiro da maneira mais direta por um apetite de gozo infinito e obrigatório. Tudo parece bom, contanto que permita um aumento da potência orgástica, isto é, uma maior possibilidade de descarga. Vimos que, em M., o papel do excesso de quantidade é manifesto na cronologia mesma das práticas perversas, pois estas começam na puberdade para prolongar-se em progressão até os cinquenta anos, enquanto sonhos e fantasias voltam a ser isentos de representações masoquistas. Por um outro lado, o *processus* de individuação, já alterado pela carência funcional das tendências destruidoras, que permaneceram elementares e quase brutas, tende por sua vez, e em razão mesmo do atraso que tomou, a manter no interior do ego essa destrutividade que, no entanto, está incapacitada de jogar plenamente seu papel. Em suma, é justamente quando a separação do *eu* do outro não pode mais se fazer completamente que a retenção prolongada da destrutividade torna-se uma exigência funcional. Testemunham a prevalência dos mecanismos de introjeção e de projeção, e correlativamente essa disposição particular à identificação primária que Greenacre havia reconhecido no fetichismo e que me parece concernir igualmente o masoquismo perverso. Em razão de seu caráter elementar e violento, toda impulsão instintiva no masoquista ameaça a identidade do masoquista e mobiliza suas tendências destruidoras de maneira regressiva, de uma parte, em vista de um novo esforço de delimitação das fronteiras do ego e, de outra, para servir a experiência orgástica economicamente necessária. Observa-se assim que um mesmo fator, o excesso de quantidade, é o agente da exigência de gozo e da retenção das tendências destrutivas. Contudo, o esforço para encontrar fronteiras claras e suficientemente estáveis fracassa, ao menos parcialmente, devido ao caráter arcaico da destrutividade (no sentido funcional que assinalei acima). A separação do ego do não ego se faz de maneira brutal e precária, o que levaria a falar de ruptura mais do que de individuação, enquanto a quantidade deve ser evacuada pelas vias imediatamente acessíveis. O inacabamento do *processus* de individuação no nível da fantasia o torna ainda mais tributário de experiências elementares vividas em nível corporal. A clínica psicossomática nos ensina que a toda carência das faculdades de fantasia correspondem, na ordem sensório-motora ou mesmo na ordem víscero-humoral, disfunções que, qualquer que seja seu grau de letalidade, representam sempre um esforço de reorganização. Da mesma maneira, no caso do masoquista, a ameaça que pesa sobre a identidade exige uma intervenção maciça da sensó-rio-motricidade, justamente da dor. A dor, com efeito, com seu requinte, é o instrumento privilegiado das tendências destrui-doras que intervêm para traçar as fronteiras do ego. Porém, se essas tendências, herdeiras do excesso de quantidade – em última análise, da própria libido –, têm uma função determinante, elas não são contudo as únicas que estão em jogo. As novas fronteiras do ego encontram-se consolidadas no decorrer de um processo, que só pode ser evocado por uma metáfora: é que os bordos da *cisão* praticada nessa entidade em que o sujeito e o mundo estavam em princípio confundidos tornam-se o objeto de um investimento libidinal propriamente dito. Trata-se então de um movimento muito mais lento, no qual a afirmação do sujeito está associada ao reconhecimento do objeto. Contudo, esse *processus* não se desenvolve de maneira contínua. A dor física provocada pelas sevícias deve ser, como qualquer outro estímulo interno ou externo, reconhecida, contrainvestida, reconhecida novamente etc. Disso decorrem as variações da quantidade e da tensão em função do tempo, isto é, das modulações rítmicas próprias a fazer reconhecer a experiência como sexual e dar origem aos afetos de prazer. Um *prazer* que não é, pois, apenas de antecipação e que deve ser igualmente distinguido do *gozo* orgástico, o qual responde à descarga propriamente dita da tensão, à evacuação brutal da quantidade. A dor participa, evidentemente, no desencadeamento e, sobretudo, na subida violenta da excitação sexual, mas ela é, antes de mais nada, por uma parte, o instrumento do *processus* de individuação e, de outra parte, o que aumenta a exigência de descarga da tensão sexual, esta sendo levada a um ponto tanto mais elevado quanto os esforços redobrados de delimitação do ego atingem imperfeitamente o objetivo. O sujeito não se submete às sevícias dolorosas para gozar – o que ele acredita, de acordo, por vezes, com o observador –, mas para se experimentar e se reco-nhecer, sem saber que o gozo que vai resultar disso lhe é imposto. Embora o gozo seja o objeto de uma busca, na verdade ele é apenas o resultado de uma evolução, um desenvolvimento secundário.

Observa-se, portanto, que a noção freudiana de *coexcitação* define apenas parcialmente o fundamento *biofisiológico* do maso-quismo erógeno. A dor não intervém apenas enquanto fenômeno tendo ultrapassado uma certa intensidade, mas enquanto um conjunto de variações rítmicas ligado tanto aos imprevistos da individuação quanto ao jogo de seu reconhecimento e de seu contrainvestimento. Estando a serviço da individuação, a dor coloca em perigo aquilo mesmo ao que contribui, levando o sujeito do prazer ao gozo, o qual remete tudo em questão. O masoquismo erógeno pode ser considerado um mecanismo fisiológico ultraprecoce, ligado organicamente a uma função positiva. Quanto ao masoquismo perverso, do tipo apresentado por nosso sujeito, eu veria nele a retomada desse mecanismo arcaico por ocasião de uma ofensa à integridade do ser psicossomático, de uma ameaça de despersonalização, pela qual o sujeito está exposto a recair na indiferenciação primeira de seus limites. O masoquismo erógeno tem assim uma função de reconstrução: a recuperação da integridade narcísica, função certamente aleatória, mas nesse caso provavelmente a única possível. O que conduz a dizer que a dimensão perversa, bem como a psicótica, deve ser recolocada em seu lugar, em nossa perspectiva, como uma das vias naturais da evolução.

O movimento masoquístico conserva necessariamente os traços que se formaram no decorrer de suas primeiras fases dramáticas, durante a ruptura ao mesmo tempo brutal e imperfeita da qual a entidade primitiva foi objeto. Daí temos o desenvolvimento de um conjunto complexo de afetos, dentre os quais indicarei particularmente o afeto odioso, voltado contra essa parte do objeto que era do ego e que se definiu pouco a pouco como objeto propriamente dito. O estatuto ambíguo do objeto (ego-objeto) é, sem dúvida, um dos primeiros momentos do movimento orientado para a mentalização – movimento que, como vimos, tem pouco alcance, enquanto apenas os afetos arcaicos e maciços são capazes de se afirmar. Para o sujeito, trata-se do triunfo do orgulho, um triunfo momentâneo, porque o desprezo pelo qual o objeto é positivamente fecalizado não tarda a se voltar contra o próprio sujeito. Tendo tomado o lugar deste, o objeto participava de sua natureza; agora é o sujeito que toma seu lugar, o que o remete ao mesmo nível e o conduz a se tratar como imundície. Visto de fora, é o que aparece como uma busca de humilhação, mas na realidade a humilhação é secundária, ela representa para o perverso apenas o ponto último que ele pode atingir ao se esforçar para elaborar seu singular estatuto.

# 2.

# S.e.e.m.
1974

Um dia, sem que se saiba por que nem como, começa-se a pensar: "Se eu estivesse morto..." A frase assim surgida rompe por um instante a trama tranquila da cotidianidade, mas quase imediatamente ela se encontra soterrada e, quando desaparece, se diz: "Que ideia!"

Trata-se aqui de um desses fenômenos psíquicos que, ainda que bem singulares, passam quase despercebidos porque são fugazes, pouco intensos, isolados e rapidamente dispersos na massa de percepções do real. Assim, o espírito, sensível à mais discreta intervenção do julgamento, rejeita-os sem o menor exame, nem debate. Razão a mais para deter-se e perguntar-se ao que pode corresponder uma tal bizarrice.

Notemos que uma vez o fenômeno aparecido, tem tendência a repetir-se. Em seguida, o pensamento impõe-se com uma força aumentada e permanece um pouco mais longamente presente à consciência. As repetições ocorrem a intervalos variáveis, que podem ser por vezes bem longos. Começa-se a procurar as circunstâncias que precederam ou acompanharam o primeiro aparecimento da ideia – em vão, no começo. Evoca-se um pouco ao azar um acidente ao qual se poderia ter escapado; um mal-estar do qual se teria perdido a lembrança, mas nada de preciso nem de bem convincente, mal sendo capazes de retomar o momento preciso em que o pensamento estranho fez sua primeira aparição. Teria sido há um ano ou talvez apenas há alguns meses. Quanto ao afeto concomitante, ele se caracteriza, antes de mais nada, pela discrição, uma surpresa ligeiramente engraçada, mais acentuada que no começo, mas sempre livre de angústia consciente. Digamos, todavia, que se o fenômeno se exprime por uma frase dubitativa e não sob a forma de imagem, seu aspecto de raciocínio pode mascarar uma angústia profunda, cujo desenvolvimento teria sido inibido. As primeiras tentativas de interpretação trazem, portanto, o traço do jogo defensivo: perguntar-se se está morto, enquanto são conservadas intactas as percepções de uma realidade exterior evidente, bem como a consciência imediata e pacífica de seu próprio corpo, é expressar quase um desejo de imortalidade. A morte seria anulada se, estando morto, se pudesse ainda interrogar-se sobre a realidade de sua própria vida. Tudo isso é bem banal e cogita-se, por exemplo, o retorno da crença primitiva tão difundida, segundo a qual a morte não seria uma necessidade. Ideias semelhantes aparecem com frequência no material de nossos pacientes, e a literatura forneceria exemplos marcantes. Eis aqui um que cito porque teve para mim valor de associação.

Segundo o testemunho de Górki, Tolstói, já bem idoso, exclamava por vezes, em presença do jovem que lhe servia então de secretário: "E se ela fizesse uma exceção para mim?", "ela" significando, evidente, a natureza ou a morte, que poderia para ele suspender excepcionalmente sua lei[1]. A angústia de morte exprimida aqui por Tolstói, sob a capa de uma esperança de imortalidade, lê-se ainda numa particularidade notável de seu Diário. Após a última anotação do dia, ele tinha o hábito de marcar a data do dia seguinte, acrescentando, contudo, um "se eu viver ainda" ditado sem dúvida por um temor supersticioso. Em seguida, desejoso de ganhar tempo, ou de não desafiar demasiado a sorte, ele reduziu as quatro palavras às suas iniciais, o que em francês teria dado s.j.v.e. – *se je vis encore* (em português: s.e.v.a.). Essa fórmula e a anedota que a explica constituem uma representação privilegiada, elas desempenham um pouco o papel de

---

1 Citado por Thomas Mann em *Goethe et Tolstoi*, Paris: Payot, 1967.

um resto diurno e se prestam a serem utilizadas tanto quanto "se eu estivesse morto", que é construída da mesma maneira e pode dar lugar ao mesmo tipo de abreviação. "Se eu estivesse morto" mudado em s.e.e.m. atesta seguramente a influência de Tolstói, que pode, na oportunidade, ter agido de duas maneiras: primeiro, talvez, como elemento indutor, depois, paralelamente, como material explorado pela defesa. Mesmo se apresentando como uma fantasia de imortalidade, então por elaboração de uma angústia de morte tratada de maneira megalomaníaca, o pensamento s.e.e.m. só poderia ser o disfarce de uma verdade conhecida, aqui, aliás, bem mal escondida. Efetivamente, se pensamos com Freud que a morte não é representada no inconsciente, que ela só figura aí como um *analogon* da castração e que por trás da angústia de castração não existe nada dissimulado, deve-se tomar o s.e.e.m. por uma manifestação desviada do complexo de castração, o que coloca fim à pesquisa, pois então nos encontramos num terreno familiar, no qual a teoria é capaz de decidir. Contudo, não podemos nos impedir de duvidar que a integração do sentido de um conflito psíquico possa se fazer tão facilmente, e se nos dizemos que isso parece possível, é porque a repressão ganhou rapidamente a partida. De fato, estamos, sobretudo, diante de um dos casos nos quais a tomada de consciência, tornando-se um objeto intelectual fortemente investido, transforma-se imediatamente em resistência, enquanto a castração impõe, concomitantemente, seu caráter nuclear e a barreira que ela opõe diante de sua própria compreensão[2]. Angústia de castração, castração inconcebível – seríamos tentados a parar aí, não fosse pelo fato de que as coisas seguem seu curso, como se nada tivesse ocorrido. Porque o s.e.e.m. retorna, provocando agora não mais a curiosidade um pouco divertida do começo, mas certa perplexidade, e o que primeiro havia sido tomado de um ângulo basicamente intelectual, torna-se agora muito mais ambíguo. Seria possível estar ao mesmo tempo morto e vivo; não estar mais vivo e conservar uma consciência clara de si, como o caçador Gracchus de Kafka? O jogo começa nessas questões e toma rapidamente amplitude, ele permite dizer, de uma parte, que o ego[3]

2 Cf. supra, "Experiência do Inconsciente".
3 Emprego aqui o termo "Ego" ao deixar subsistir a ambiguidade semântica para designar ao mesmo tempo a instância e o "eu" da linguagem corrente.

permanece ao abrigo de toda negação da realidade, e, de outra parte, que ele reconhece à fantasia certa legitimidade, o que constitui o começo de uma clivagem e deixa entrever novos desenvolvimentos (eu me limito a observar a relação com o fetichismo, o ego sendo aqui seu próprio fetiche). O comportamento lúdico que caracteriza esta segunda atitude do ego, e que em tal caso não desaparece completamente, cria, contudo, um lugar cada vez maior à credulidade, tanto que a repetição do fenômeno acaba por engendrar um verdadeiro sentimento de estranheza. O afeto se modifica, assim, pouco a pouco no sentido de uma perplexidade ansiosa, sobretudo no momento decisivo que denominarei como busca dos indícios, busca de algum modo negativa, que não sem prazer convida o ego a mudar seu comportamento. Um dia, com efeito, o retorno insistente do pensamento estranho e da dúvida que se liga a ele, retorno como sempre inopinado, provoca um alerta, uma mobilização dos aparelhos sensoriais destinada a convencer o ego que "eu" parou de viver; ao menos é assim que seríamos tentados a descrever as coisas após reconstrução; de fato, no momento, essa colocação em movimento dos sistemas perceptivos não procede de uma reflexão. Da mesma maneira, no momento não se nota analogia entre os índices procurados e tal circunstância que, por vezes, presidiu a irrupção do pensamento bizarro na consciência; só se pode fazê-lo *a posteriori*. Esses indícios se referem à despersonalização, evidentemente; tratam-se de sutis alterações afetando principalmente a distribuição do espaço e do universo sonoro; de uma modificação das percepções no sentido de uma transmissão de mensagem, de uma mensagem obscura apenas constatada, tanto seu conteúdo é banal, até mesmo ridículo. Como, por exemplo, tornar a emoção ao mesmo tempo completamente natural e insólita que se experimenta ao cair do dia, escutando o grito único de um pássaro negro pousado no telhado? Um instante breve, contudo, o grito e a imagem parecem vir de um outro mundo para dizer à testemunha alguma coisa que a concerne, ela em pessoa precisamente. Mas tudo entra em ordem rapidamente, tudo retoma um ar evidente e então se esvazia de significação. Coisa admirável, esses momentos não abrem jamais a via à motricidade, mesmo quando atingem um ponto culminante; no entanto, são justamente os fenômenos de despersonalização que, tão fugazes e desprovidos de angústia consciente sejam eles, são facilmente admitidos como tantos sinais convidando o ego a continuar seu jogo e juntar um pouco mais de crédito à estranha sugestão. Depois, um passo decisivo é dado quando alerta sensorial, mobilização da atenção, sentimento de mudança e raciocínio encontram-se conjugados. Darei um exemplo. Um dia, nas circunstâncias mais ordinárias, o interessado se pega a observar, quase a perscrutar, uma pessoa familiar sentada na mesa à sua frente. Considerando seu face a face de maneira discreta, mas penetrante, ele o vigia como para surpreender algo de que deveria assegurar-se. E é o início de um raciocínio que se desenvolve espontaneamente à maneira de uma fantasia: quem está em frente é conhecido por ser destro; se ele for se servir com a mão esquerda, isso vai significar que o pensamento s.e.e.m. é digno de crédito. No caso em que o outro pegasse seu talher ou seu lápis com a mão esquerda, ele estabeleceria efetivamente com o sujeito, que estava à frente, uma relação de simetria comparável à que se tem ao descobrir seu reflexo num espelho. Nessa eventualidade, o outro se encontra assimilado a um duplo, o que, entre outros resultados, lhe faz perder sua singularidade. Mas, contrariamente ao Estudante de Praga ou a Peter Schlemil, que não se colocam questões sobre sua identidade, o herói, para poder aqui interrogar-se mais adiante sobre sua própria existência, deve primeiro detectar e reunir os índices que farão do outro seu duplo. Não se trata assim de um encontro do sujeito com seu duplo, segundo o modelo do folclore clássico, já que o sujeito, espiando no outro a prova de um comportamento especular, é levado a se perguntar se ele próprio não é o traço, o duplo de sua própria pessoa desaparecida. Assim são os outros que, ao se apresentar eventualmente com uma nuance de estranheza, induzem a pensar que ele realmente deixou de viver. Segundo Otto Rank, o herói ordinariamente parece assassinar seu duplo ou, o que vem a dar no mesmo, assistir à sua decadência para se liberar das perseguições que emanam do seu próprio ego, enquanto, através da destruição de um outro ego, ele realiza um verdadeiro suicídio do qual evita o sofrimento[4]. Ora, em nosso caso as coisas se passam de maneira um pouco diferente, porque é o ego que

---

4 O. Rank, *Don Juan: Un Étude sur le double*, Paris: Denoël et Steele, 1932, p. 153.

supostamente está morto, e já depois de um certo tempo, enquanto o sentimento de existir, de alguma dúvida que possa acompanhá-lo, é atribuído ao pretenso duplo, reflexo do sujeito aniquilado. A alteridade morfológica do objeto, tendo menos peso que a relação de simetria estabelecida com ele, encontra-se doravante num mundo fantasma, no qual a famosa "inquietante estranheza" tem tantas semelhanças com a despersonalização. No que se refere aos sentimentos penosos, que amiúde acompanham esse tipo de experiência – a bem da verdade, estão ausentes ou parcialmente inibidos –, pode-se dizer que é porque o sujeito vivo não teve oportunidade de experimentá-los a partir do momento em que suas dúvidas puderam ser competentemente *enunciadas*. Isso posto, a serenidade do afeto não é, então, precisamente para dissimular seu contrário? Nesse caso, não se trataria de uma pura inversão da emoção primitiva, mas de uma transformação do afeto a favor de um deslocamento do investimento. Essa mobilização da curiosidade intelectual pode ser comparada à tentativa de inibição pulsional produzida a cada nova complicação da *máquina de influenciar*, a qual, segundo Victor Tausk, "atrai a atenção do sonhador, desperta seu interesse intelectual e enfraquece assim seu interesse libidinal"[5]. Se o pensamento s.e.e.m. aparece inopinada e aparentemente sem causa, é preciso supor que é de sua natureza existir ao mesmo tempo evidente e escondido. Mencionei, pouco acima, acidentes exteriores, ou interiores, os quais se pensa como diversas circunstâncias que teriam podido ocasionar realmente a morte. Uma tal interpretação supõe, é evidente, a vontade de reduzir a experiência a algo de pontual e estritamente isolado; na realidade, s.e.e.m. deve, sobretudo, ser tomado como momento de um *processus* por analogia com a *máquina de influenciar* considerada enquanto "termo final da evolução do sintoma"[6]. Sobre esse ponto, o episódio me pareceu esclarecer-se um pouco quando me lembrei de um sonho repetitivo revelado por uma jovem com tendências suicidas.

Eis o sonho clássico, que retornava periodicamente de forma idêntica. Na rua, um dia, a jovem escutou passos atrás dela e começou a andar mais depressa à medida que os passos pareciam

---

5  V. Tausk, Genèse de la machine à influencer, *La Psychanalyse*, Paris: PUF, 1958, p. 236.
6  Ibidem, p. 231.

aproximar-se, depois, no auge da angústia, ela acordava. Ao evocar esse sonho, a jovem dizia que sempre se sentia contrariada por acordar antes de ter podido reconhecer seu perseguidor; mas ela esperava que, um dia, prolongaria o sonho até chegar a identificar o desconhecido. Ora, foi o que ocorreu; o sonho recomeçou, acompanhado da habitual onda de angústia, mas dessa vez a jovem pôde voltar-se antes de acordar, e o que ela viu, então, num terror indizível, foi simplesmente ela mesma, ela mesma tendo ficado velha, muito velha, com a cabeleira branca despenteada que caía no rosto. Daí em diante o sonho parou, e concebemos: ele só se repetia enquanto permanecia inscrito numa problemática sexual precisa, aquela da angústia de castração. Porque, no início, a jovem não duvidava da identidade de seu perseguidor; só poderia ser um homem de quem ela temia um ataque sexual. Porém, desde o momento em que o encontro com o duplo implicava uma problemática narcísica, em que morte e castração estavam estreitamente imbricadas, a situação devia mudar radicalmente.

Conhecemos o adágio segundo o qual "alguém que vê seu duplo de frente deve morrer". Aqui, no entanto, é o sonho que "morre" quando a jovem descobre a identidade do seu duplo, um duplo tão velho e decrépito que ele próprio se encontra às portas da morte. Parece agora que, no seu último estado, esse sonho repetitivo estava ligado à demência orgânica da qual sofria a mãe do sujeito. O espírito da infeliz estando fatalmente destinado a naufragar, a jovem só podia constatar o aniquilamento progressivo da sua mãe, cujos sinais eram patentes. Assim, um elo se criava entre o duplo, a mãe e a morte, da mesma maneira que no pensamento s.e.e.m., morte, pessoa simétrica e duplo encontram-se reunidos. Os dois casos têm em comum a existência de um *processus*, a intervenção de figuras parecidas e o problema de identidade, o que permite reduzir em parte o caráter enigmático das circunstâncias desencadeantes do episódio. Num primeiro tempo, o pensamento pareceu surgir de uma maneira incompreensível, absurda, pois fora colocado em relação com algum perigo de origem interna ou externa; mas, uma vez rememorado, o sonho da jovem, desempenhando quase o papel de uma interpretação, vinha revelar o que devia precisamente permanecer nas sombras, isto é, que tudo isso tinha a ver com um objeto fortemente investido, a mãe, e com o aniquilamento, que efetivamente ameaçava esse objeto. Agora, concebemos melhor que as diversas tentativas para elucidar s.e.e.m. talvez só tivessem por objetivo mascarar o sentido e o alcance. Tendo primeiro reconhecido no s.e.e.m. o papel de uma angústia de castração dissimulada por uma fantasia de imortalidade, depois o de um mecanismo de clivagem, obscurecia-se o parentesco do fenômeno com o luto, ou mais exatamente com sua antecipação, e, por isso mesmo, podia-se continuar ignorando a correlação entre a atribuição ao sujeito de uma existência duvidosa e a ameaça de aniquilamento pesando realmente sobre o objeto. Que o destino fatal do objeto repercutisse no sujeito pela intromissão de um terceiro funcionando de imagem especular, por uma figura transicional pertencendo tanto ao mundo do objeto quanto ao do sujeito e dotada de um poder de decisão, é precisamente o que as diversas tentativas de interpretação deviam impedir de perceber. Enquanto, em última análise, s.e.e.m. exprime claramente, sob uma forma antecipada, o movimento de incorporação do objeto, que é próprio do trabalho de luto.

Esse movimento tem de particular, antes de mais nada, a característica de antecipar o acontecimento; em seguida, ele se faz num sentido inesperado, pois o objeto, condenando o sujeito ao seu próprio destino fatal, se apossa totalmente dele como que para aniquilá-lo. Por um instante, o sujeito está tão intimamente identificado com o outro que o sentimento de seu próprio ego é alterado e pode-se perguntar se ele não deixa todo o lugar ao ego estrangeiro. Uma vez mais nos encontramos num terreno familiar; contudo, não é nada seguro que essa variante original do trabalho de luto baste, enfim, para elucidar tudo.

Como, efetivamente, ater-se ao modelo da identificação com o objeto perdido para dar conta integralmente dos aspectos múltiplos e complexos do pequeno episódio? Como esclarecer o sentido dessa situação paradoxal, onde o sujeito se experimenta como seu próprio fantasma, buscando uma prova de sua irrealidade no seu encontro com um outro reduzido ao estado de *duplo*? Afinal, é evidente que tudo gira em torno da figura do duplo, mas de que maneira e por que, como o duplo é suscitado? Isso é o que exige ainda alguns esclarecimentos.

Mesmo que o sujeito não creia numa origem exterior do pensamento s.e.e.m., o sentimento de estranheza que ele experimenta ao formulá-lo lhe dá a impressão de que ele não provém tampouco de uma atividade própria ao seu ego, de que ele não foi secretado por ele. Esse pensamento se impôs *como* de fora, *como se*, segundo o modelo arcaico da formação do pensamento descrito por Tausk, ele viesse "do exterior antes de ser atribuído ao ego como uma função"[7]. Entretanto, onde as coisas se complicam é que o *como se* não joga apenas em relação ao exterior, mas se aplica ao de dentro, o que o assemelha a um sintoma somático emanando do organismo e escapa assim a toda espécie de controle. As fronteiras entre interior e exterior tornam-se duplamente incertas, porque o corpo, o pensamento e o duplo do sujeito tendem incessantemente a passar uns nos outros, até se confundir de fato. Mas, então, a identidade desse todo quase indiferenciado se deixa enfim apreender: basta lembrar em que circunstâncias a ideia s.e.e.m. nasceu. Ela surgiu bruscamente diante do sujeito como algo independente e misterioso, como uma espécie de corpo espantoso, cuja produção teria a ver com uma façanha. Ao se basear nas modalidades particulares dessa aparição – súbita, autônoma, misteriosa –, pode-se dizer, sem avançar demasiado, que s.e.e.m. não figura apenas o sujeito identificado com seu duplo, mas o órgão genital em ereção. Se acreditarmos nos especialistas de folclore, o duplo e o falo pertencem ao mesmo mundo de representações, onde a alma pode ser igualmente localizada: "Entre os gregos, os egípcios e outros povos civilizados", diz Rank, "a ideia primitiva de alma coincidia com a de um duplo de mesma essência que o corpo." E cita como referência a definição de Heinzelmann, segundo a qual "a alma desaparecida no momento da morte é a imagem exata do corpo humano vivendo sobre a terra"[8]. De minha parte, eu me inclinaria a acreditar que a alma, imagem exata do corpo vivo, duplo de mesma *essência* que o corpo e princípio *eminentemente separável*, não é, talvez, nada mais que um substituto do sexo ereto. Se o falo é imortal como a alma que o figura e como a espécie que ele é chamado a perpetuar, a castração é então efetivamente a ameaça suprema, pois, entre outras perdas irreparáveis, ela tem ainda o efeito de tirar do homem sua parte de imortalidade.

Vê-se melhor agora por quais razões profundas o filho, cuja mãe está gravemente ameaçada, é levado a se suscitar um duplo

---

7 Ibidem, p. 159.
8 O. Rank, op. cit., p. 159.

e a afirmar-se imortal, certamente não de maneira direta, mas paradoxalmente, pelo desvio de seu estatuto de morto vivo. Para o filho, a mãe, que o habita desde sempre, retém também nela, desde sempre, a imagem de seu pênis, isto é, o órgão que o representa por inteiro e sobre o qual ela não renuncia jamais a exercer seu poder. Graças ao seu duplo que é alma, corpo e falo, tudo junto, o filho pode tentar extrair da *imago* materna o sexo eternamente ereto que é ameaçado também; dito de outra maneira, ele pode tentar *in extremis* parir a si mesmo.

Imagem projetada, ou figura fálica arrancada à representação do corpo materno, o duplo só se manifesta na medida em que a identificação primária é uma disposição sempre ativa, ou sempre suscetível de voltar a ser ativa. É o que se pode produzir quando uma excitação é quantitativamente, ou qualitativamente, de natureza a constituir uma exigência de transferência impossível de assumir. Na minha opinião, o desaparecimento iminente da mãe entra precisamente nessa categoria; pude fazer a esse respeito diversas observações, que o texto de Janice Norton[9] de resto confirma. Contrariamente às opiniões recebidas, parece que o doente condenado testemunha um prodigioso apetite relacional e que ele realiza, nesse sentido, um trabalho psíquico considerável que, por analogia com o trabalho de luto, eu denominaria "trabalho de falecimento"[10]. Eu me encontro na contramão de Kurt Robert Eissler, que vê naquele que vai morrer um certo trabalho de luto destinado a lhe fazer aceitar a morte como uma consequência natural da constelação econômica do momento[11]. Contudo, o próprio Eissler assinala, é pouco provável que um tal desinvestimento possa se produzir quando as percepções, mesmo as mais tênues, confirmam constantemente a existência na realidade dos objetos de amor. O *processus* descrito por Eissler, sem dúvida constitui apenas uma das maneiras que dispõe o sujeito, ainda mais ou menos jovem, para enfrentar a morte a menos feliz para o sujeito, ainda que a mais confortável para o seu círculo que se faz, por sua vez, com frequência, cúmplice. No "trabalho de falecimento",

---

9   J. Norton, Treatment of a Dying Patient, *The Psychoanalytic Study of the Child*, v, p. 18.

10  Cf. infra, "O Trabalho de Falecimento".

11  K.R. Eissler, *The Psychiatrist and the Dying Patient*, New York: International Universities Press, 1953.

pelo contrário, os objetos de amor são super investidos, e o elã pulsional, que resulta disso, é tão forte que, no meio hospitalar, o próprio pessoal fica amiúde tocado. Essa paixão exacerbada pode se exprimir tanto como uma recrudescência do apetite instintivo quanto como uma renovação do impulso criador. Aquele que vai morrer tem necessidade dos outros para poder apreender e assimilar toda uma massa pulsional, ainda imperfeitamente integrada; separar-se deles significa, antes de mais nada, perder uma introjeção, perder uma experiência tão mais decisiva cujas implicações são sobretudo narcísicas[12]. Nada surpreendente se nesse momento os objetos se esquivam, já que, indispensáveis e, no entanto, contingentes, temem inconscientemente serem devorados pelo moribundo e, bloqueando assim o "trabalho de falecimento", expõem-se a si próprios a perder seu luto.

O *processus* ilustrado pelo s.e.e.m. antecipa o luto e, diferente da fuga em questão, fornece uma resposta ao "trabalho de falecimento". Sem dúvida, só pode tratar-se de um compromisso, pois, em sua resposta, o sujeito exprime ao mesmo tempo sua tentação de aniquilar-se com o objeto – no que ele procura também realizar uma introjeção – e seu esforço para se salvar ao se arrancar, enquanto duplo, à esfera materna. Tudo isso é possível, evidentemente, enquanto o "eu" e o "não eu" não estejam inteiramente diferenciados. Mas não faz tanto tempo que os dois estavam confundidos, e dessa confusão resta sempre alguma coisa; mais ainda, seria possível que, mesmo fora do campo da psicose e da perversão, a identificação primeira estivesse sempre pronta para funcionar.

Mas o que ocorre, em nossa historieta, com o destino da libido? Como resultado da perenidade dessa situação original, a representação do objeto retém um *quantum* variável de libido narcísica do sujeito, ou mais exatamente, essa libido narcísica inclusa na representação do objeto aí investe a representação que o sujeito faz de si próprio, isto é, uma imagem fálica. Daí um paradoxo que me parece digno de atenção: a libido narcísica não tem por característica estar inteiramente localizada no sujeito, de maneira que, ao lado da oposição clássica entre libido objetal e

---

12  Sándor Ferenczi, Transfert et introjection, p. 93, e Le Concept d'introjection, p. 196, *Oeuvres complètes*, Paris: Payot, 1968; Nicolas Abraham e Maria Torok, Introjecter, incorporer, *Nouvelle Revue de Psychanalyse*, n. 6, 1972.

libido narcísica, seria preciso distinguir uma outra espécie de tensão, jogando dessa vez entre uma libido narcísica "intraego" e uma libido narcísica "extraego". Naturalmente, as modulações dessa tensão dependem, por uma parte, dos movimentos pulsionais, pois todo aumento da libido objetal equivalendo a uma exigência de transferência faz variar nos limites, por vezes bem amplos, a posição da libido narcísica. Vimos que, quando o objeto se constituiu, pouco a pouco enquanto tal sua representação reteve uma parte do sujeito e também uma parte do seu investimento libidinal primitivo. Em seguida, a libido destinada a investir os objetos foi emprestada não diretamente à libido narcísica, mas à libido narcísica investida na representação do sujeito no interior da imagem do objeto. Não se pode dizer assim que quanto mais o objeto absorve libido, mais a libido narcísica se empobrece, porém quanto mais o objeto atrai libido para si e desequilibra a relação libido "intraego"/libido "extraego", mais ele exige o aumento do investimento propriamente narcísico da imagem do sujeito no objeto, o que nos casos extremos pode provocar uma verdadeira translação do ego no objeto.

A mãe, sem dúvida, não cessa jamais de ser, por uma parte, um objeto narcísico e, correlativamente, o ego não se separa jamais totalmente do não ego. A partir daí, é possível perguntar se, em geral, os objetos fortemente investidos podem aceder à real alteridade de um sujeito independente. O objeto real, com efeito, só pode ser exterior enquanto meio de satisfazer à pulsão; o objeto de amor seria apenas uma imagem no interior da qual o sujeito está depositado sob a forma de um corpo fálico. Por seu lado, o ego, em parte perdido na imagem dos objetos que investiu, não pode tampouco aceder à sua plena identidade. Entre essas duas ordens, a do ego e a do não ego, não existe uma fronteira propriamente dita, mas uma espécie de espaço transicional. Se "eu" não está no ego, ele não está tampouco inteiramente no outro, mas repartido ao longo das bordas de um espectro, digamos de um *espectro de identidade*, definido pelo conjunto das diversas posições do qual a libido narcísica é suscetível; ou mais precisamente, pelos lugares e quantidades onde foi investida a libido narcísica, a partir de um polo interno até um polo externo, que coincide com a imagem do outro. Como o "eu" não poderia passar totalmente no outro sem ser aniquilado, assim também ele não pode tampouco retirar-se do objeto sem que este se reduza a um conjunto de linhas abstratas e indecifráveis. Não é a quantidade de libido objetal investida no mundo exterior que confere às coisas seu aspecto familiar, mas a parte de libido narcísica retida nelas para aí investir o "eu" em extraterritorialidade, como um posto avançado do sujeito. As variações desse investimento da libido narcísica são, sem dúvida, frequentemente latentes. Porém, chegando à consciência, por ocasião, por exemplo, de um deslocamento demasiado maciço, elas desencadeiam um desses estados de inquietante estranheza, que nos remetem à nossa verdade. Assim, a irrupção do pensamento "se eu estivesse morto" faz tomar consciência de que se "eu" não é exatamente um outro, como diria o poeta, ele tem, no entanto, a admirável propriedade de errar sem se perder a meio caminho entre o fora e o dentro.

# 3.

# Contratransferência
# e Sistema Paradoxal
# 1976

> *Bah! Faço o papel mais corajoso. [...]*
> *pois sou fiel aos meus instintos.*
>
> JACK LONDON, *O Lobo do Mar.*

Quando se trata de contratransferência, começa-se sempre por situar o objetivo em relação às diversas acepções do conceito. Às vezes se toma a definição estrita, a qual concerne apenas às reações inconscientes à transferência do analisado, com uma tonalidade frequentemente pejorativa, outras vezes se adota uma definição extensa, englobando tudo o que da pessoa do analista intervém no tratamento e pode, mesmo, desempenhar um papel de instrumento. Michel Neyraut, sabemos, ampliou ainda os limites dessa definição ao colocar que a contratransferência, enquanto compreendendo o pensamento psicanalítico e uma demanda implícita do analista, precede mesmo a transferência[1]. Talvez não seja necessário escolher, sendo questão de circunstância, ainda que na prática seja prudente seguir a primeira definição; a segunda presta-se melhor a um trabalho especulativo. Para o que quero expor aqui, a acepção ampla é

---

1 M. Neyraut, *Le Transfert*, Paris: PUF, 1974.

aquela que convém melhor, veremos, penso, na sequência do meu desenvolvimento.

Já há bastante tempo fiquei impressionado por um fenômeno singular com o qual cada clínico, sem dúvida, teve experiência e que se produz no espírito do analista no decurso do seu trabalho. Enquanto escuta seu paciente, com a atenção que sabemos, o analista percebe em si uma atividade psíquica diferente de todas aquelas, afetos entre elas, que lhes são habituais nessa situação. Bruscamente, surgem representações estranhas, frases inesperadas e gramaticalmente construídas, fórmulas abstratas, uma imagética diversificada, fantasias mais ou menos elaboradas; a lista não é limitativa, mas o que conta, sobretudo, é a ausência de relação compreensível com o que se desenvolve presentemente na sessão. Seríamos tentados a dizer que o analista evadiu-se da situação, o que equivale a uma manifestação contratransferencial no sentido mais estrito do termo. É ainda o que se pensa quando a fantasia concerne explicitamente o paciente e além do mais tem um aspecto mais ou menos regressivo. Isso seria a transferência do analista sobre um paciente que se tornou para ele o representante de uma figura do passado. Assim podemos notar, nessa ocasião, quanto a situação é propícia a mobilizar o "perverso polimorfo" que dorme em todo analista, com as consequências que isso implica para o funcionamento mental desse último. Minha intenção, contudo, não é permanecer nessas considerações, certamente essenciais, mas bastante bem estudadas por numerosos autores. Penso, efetivamente, que manter-se nos limites da contratransferência clássica é não estar à altura de apreender todos os aspectos da atividade psíquica que ocorre no analista, precisamente porque alguns dentre eles parecem escapar às problemáticas pessoais e às posições doutrinais.

As representações em questão aparecem, pois, de modo imprevisível em qualquer momento da sessão, por vezes desde o começo. Coisa notável, elas não suscitam angústia nem desprazer, qualquer que seja seu conteúdo. O analista fica sobretudo surpreso, tanto mais que ele deve naturalmente interrogar-se sobre a interferência de algum conflito inconsciente, cujos afetos teriam sido inibidos no seu desenvolvimento. O que ele experimenta, então, é uma sutil mudança de estado, alguma coisa como uma ligeira flutuação que, paradoxalmente, não é acompanhada de uma diminuição da atenção.

O parentesco dessa experiência com certos estados leves de despersonalização é evidente. Porém, aqui, a mudança parece decorrer diretamente do discurso ou da atitude do analisado, um analisado ao mesmo tempo emocionado e imperioso que teria induzido, no analista, uma modificação dos investimentos narcísicos. *A posteriori*, quando o analista tem a oportunidade de retomar o que ele viveu em tal momento, constata que duas coisas se encontravam então ligadas: um alerta orientado para o objeto e uma alteração do sentimento de sua própria identidade. Tudo se passa como se ele tivesse evacuado o que existe de mais pessoal nele, enquanto se instaurava uma permeabilidade especial de seu aparelho psíquico, uma outra abertura para novas atividades de fantasia. Mas, sendo assim, donde vêm esses pensamentos, essas imagens, essas palavras que implicam para o analista uma espécie de alienação momentânea? Pode-se supor que elas correspondem a processos psíquicos *que se desenvolvem no analisado* e que ainda não foram detectados. É o que explicaria o traço mais notável do fenômeno em geral, isto é, o fato de que ele está um passo à frente da compreensão do material propriamente dito, tal como ela decorre de deduções lógicas e sobre as fantasias que o paciente é capaz de formular.

Lembramos que Paula Heimann apresentou em 1949, no XVI Congresso Internacional de Psicanálise, um trabalho no qual ela exprime claramente o valor da contratransferência enquanto instrumento de compreensão do paciente[2]. Para Heimann, o analista possui do inconsciente do seu paciente uma percepção inconsciente mais aguda e mais precoce que aquela que pode permitir qualquer conceptualização consciente da situação. Em suma, o autor se interessa essencialmente pelo *estado afetivo* do analista, pelos sentimentos que o paciente suscita nele, donde sua recomendação de associar à atenção flutuante uma espécie de livre sensibilidade emocional, o que vai no sentido de seu desejo de lutar contra a imagem idealizada de um analista impávido, distante e, por que não, insensível.

Seguramente, esse trabalho marcou uma época, diversos autores seguiram a mesma via. Porém, o fenômeno do qual falo é outra coisa bem diferente dessa espécie de "ressonância afetiva" que,

2    P. Heimann, On Couter-Transference, *The International Journal of Psychoanalysis*, 1950.

160 TERCEIRA PARTE

deixando de lado o aspecto específico do que se passa então no aparelho psíquico, não permite qualquer conceptualização rigorosa. Uma outra autora deu um passo a mais nessa direção, trata-se de Annie Reich, que observa que amiúde o *insight* do material sobrevém de súbito, como se emanasse de alguma região própria do aparelho psíquico do analista[3]. Este descobre também subitamente o que sua interpretação deve ser e como convém formulá-la. Essa espécie de compreensão, acrescenta a autora, é por assim dizer experimentada passivamente: *ela advém*. Eu lembraria igualmente duas observações de M. Neyraut, que me parecem articular-se melhor com minha intenção: "De uma certa maneira, o analista é pago para suspender o curso de seus pensamentos e submeter-se às associações que não emanam dele." E um pouco além, no parágrafo consagrado às "Psicoses de transferência", ele acrescenta que a "transferência maciça" desses pacientes testemunha uma

dominação psíquica, um encarceramento do terapeuta no espaço subjetivo do pensamento psicótico. Esse espaço [...] não possuindo mais a noção dos limites de sua própria interioridade [...] dos conteúdos internos pertencendo a outras subjetividades, principalmente os do terapeuta, parecem incluídos num mesmo espaço[4].

Resta então saber se essas fronteiras incertas são a característica exclusiva do psicótico e se este perdeu, necessária e regularmente, o sentido simbólico dos mecanismos internos, que animam sua subjetividade. Estou longe de estar seguro disso, eis aí uma questão doutrinal, mas, na minha opinião, considero que certos pacientes psicossomáticos apresentam essa carência de maneira infinitamente mais exemplar. Enfim são numerosos os sujeitos, nem psicóticos, nem psicossomáticos, nos quais pode-se observar, em determinados momentos, esse apagamento dos limites do mundo interno.

Como podemos observar, muitos analistas são atraídos para regiões nas quais o fenômeno que eu estudo está igualmente situado. Contudo, para afastar toda ambiguidade sobre a especificidade dos fatos, gostaria de expor dois fragmentos clínicos. Seguramente não tenho qualquer ilusão a respeito do alcance de

3 A. Reich, On Counter-Transference, *The International Journal of Psychoanalysis*, 1951, p. 25, 31, 32.
4 M. Neyraut, op. cit.

CONTRATRANSFERÊNCIA E SISTEMA PARADOXAL

tais ilustrações, que suscitam regularmente uma dezena de interpretações bem melhores do que aquelas que pude conceber: eu lhes atribuo, sobretudo, o poder de transmitir uma experiência que no próprio momento teve a capacidade de ser vivamente sentida.

De um material bem vasto para poder ser relatado na íntegra, destacaria apenas os elementos diretamente relativos aos meus propósitos, esperando com isso que não haja demasiadas interrupções, pois eles parecem por vezes incongruentes. Mesmo parecendo incongruentes, esses aspectos não são insignificantes, estando, evidentemente, submetidos aos mesmos mecanismos arcaicos que o trocadilho e o chiste.

Uma jovem, cuja análise está em curso há dois anos, exprime um dia o temor de não ser capaz de pagar meus honorários na data prevista. Ela teme esse eventual atraso e se lembra de um incidente análogo ocorrido há algum tempo. Longos silêncios interrompem seu discurso e ela só completa seu pensamento pouco a pouco. Ela se inquieta de observar a que ponto ela mistura medo de abandono e intolerância em toda situação de dependência. Dever dinheiro a mim constitui para ela precisamente uma situação de dependência, a qual evoca a imagem de uma relação fusional aterrorizante. Nesse momento, a ideia do prazer que ela sente nessa situação me vem ao espírito, o que se encadeia diretamente com minhas reflexões sobre a problemática que nos é familiar e cuja elaboração se encontra bem avançada. Nada de inquietante nisso tudo, por pouco poderíamos falar de "rotina psicanalítica". E, de súbito, eis a ruptura, a surpresa. Tive a impressão de desligar, algo mudou, eu não sou mais eu mesmo, eu o constato, enquanto uma imagem de extrema precisão impõe-se a mim, ocupando todo o meu espírito. Tenho diante dos olhos uma gravura ou, mais precisamente, o ângulo inferior esquerdo de uma gravura, que teria sido destacado. No canto, vejo a perna de uma mulher, dobrada a 45° para baixo, à esquerda, e emergindo de um bosquezinho. A perna está nua, visível apenas a partir da barriga da perna, mas o que me impressiona principalmente é o fato de que o tornozelo e o pé estão em hiperextensão. Essa imagem não me lembra nada, e mesmo depois procurei em vão encontrar nela uma origem familiar. Em contrapartida, mal a imagem apareceu, um pensamento me veio ao espírito, *os meninos são mais favorecidos*, e dessa vez intervenho de imediato dizendo, *você*

162 TERCEIRA PARTE

*pensa que os meninos são mais favorecidos.* A significação fálica dessa perna saindo de um entrelaçamento de ervas, de arbustos e de arvorezinhas, é evidente, porém, aqui, a imagem e a frase concomitantes impõem-se primeiro, fora de qualquer decodificação. Quase imediatamente a paciente associa com aspereza o aspecto conflituoso de suas relações com sua mãe. Esse conflito sempre fora relatado, até então, com o duplo temor que eu evoquei: medo de rejeição absoluta e de abandono, horror de uma fusão totalmente subjugadora. Dessa vez, trata-se da atitude impeditiva da mãe, de sua educação desastrosa. Tudo era permitido aos irmãos que gozavam de uma real liberdade, enquanto ela era estreitamente vigiada. Um dia, uma reprimenda severa lhe foi infligida porque ela tinha voltado da escola em companhia de um colega, que lhe segurava o braço. Desde este momento, um material bastante importante aparece tocando a problemática fálica e não mais, como anteriormente, o conflito mais arcaico, que tinha quase constantemente ocupado a atenção, a ponto de condicionar amplamente o comportamento da analisada.

Chego agora a uma observação tirada de um outro caso que também não deixa de ser singular.

Desde o começo da sessão, a paciente me lembra o "até logo, senhor" inabitual com o qual ela havia deixado nossa última entrevista. Isso a fez pensar num incidente de sua primeira infância. Ela está segura da época em que a coisa se passou; devia ter dois anos e meio. Marcos precisos, dos quais ela não fala, lhe permitiam situar o evento: "Nem antes, nem depois", declara. O episódio é o seguinte: estando na rua, ela anda direto para frente, o que a leva a encontrar-se finalmente na delegacia de polícia. Aí a colocam em pé sobre uma mesa; ao redor dela os policiais a interrogam. Nesse momento preciso, produz-se o mesmo fenômeno de desligamento que descrevi anteriormente e um pensamento estranho me vem ao espírito: *Eu te comeria com vontade, belo marinheiro*. Inútil dizer que, experimentado como sou, não deixo de ficar mais ou menos desconcertado. Acrescento à minha perplexidade o fato de que a expressão me remete imediatamente a uma referência literária. Trata-se de Billy Bud, o herói do romance de Herman Melville, que há pelo menos quinze anos eu não lera novamente. Parece-me que existe da mesma forma uma relação entre o "Senhor" pelo qual ela me havia cumprimentado e a expressão "Belo marinheiro". No momento, nenhuma explicação espontânea veio esclarecer essa bizarra associação, o que não me impediu de sentir que era preciso levá-la em conta. Diga-se de passagem, apenas agora, ao escrever este trabalho, que me ocorre que na marinha anglo-saxônica, em particular, era usual chamar todo oficial de "Senhor". Durante esse tempo, a paciente prossegue o relato de sua lembrança de infância. Estando ainda na delegacia de polícia, ela vê entrar um homem, seu tio Pierre. Ela diz ter experimentado então uma vergonha intensa e insiste sobre a qualidade particular dessa vivência. Daí ela passa para um sonho, que ela já havia me contado anteriormente, e que, por alguma razão obscura, eu tinha querido escutar novamente. Guardo desse sonho apenas o elemento principal: uma espécie de bloco recoberto por uma colcha negra, que lhe evoca concomitantemente um túmulo e uma mesa. Seu pai, certa vez, lhe havia oferecido uma mesa com tampo de mármore. Ela quer se desfazer desse móvel, logo que for possível, para substituí-lo por um outro, que ela própria escolherá: "uma mesa de jantar", diz ela. Depois, ela se detém no tema da alimentação, fala de um prato da cozinha local que lhe causa o maior nojo e, no entanto, assinala com insistência, "eu era bem-feita". Nesse momento, meu pensamento particular retorna e intervenho: "ao dizer bem--feita, você quer dizer também boa de comer?" Ela fica chocada, talvez um pouco inquieta, depois sonhadora e responde: "Sim, é verdade! Repenso agora nesse tio Pierre que me dava medo. Ele me dizia: 'eu sou um leão, vou te comer'. Eu ficava fascinada, excitada, aterrorizada." Quanto a mim, apenas no dia seguinte creio ter compreendido o sentido de minha associação com a personagem de Melville. A base da analogia era fornecida pelo pescoço da paciente que, nesse dia, estava amplamente desnudo: efetivamente, Billy Budd, apelidado de Belo Marinheiro, termina enforcado no mastro do navio e, diz Melville, recebe "em cheio a luz rosa do amanhecer", o que sugeria uma ligação estreita entre a pedra funerária e o herói executado. Evidente que nessa circunstância, como em todas do mesmo gênero, não deixei de me indagar tanto sobre os pensamentos que me vinham ao espírito quanto sobre minhas intervenções. E creio poder dizer que as representações em questão não dependiam especificamente da minha vida interior, com o entrelaçamento de desejos e angústias que determinam seu curso. Assim, também não constituem absolutamente uma reação *individual* à transferência do paciente. Não que eu esteja ao abrigo de tais acidentes, longe de mim essa ideia; nos primeiros tempos, nos quais o fenômeno se apresentou a mim, eu tinha mesmo a tendência de atribuí-los a uma reação individual. Mas ficar nas interferências contratransferenciais e nas famosas "manchas negras" mencionadas por Freud, no caso seria uma facilidade. Por quê? Porque teria sido negligenciar o que o fenômeno tem precisamente de original, quero dizer, por um lado, de seu surpreendente polimorfismo e, de outro, o papel dinâmico que lhe confere seu valor de antecipação. Polimorfo ele é efetivamente, a tal ponto que seria preciso ser bastante cuidadoso para acreditar-se habitado por uma tal multiplicidade de imagens e de formas verbais provenientes, além do mais, de todos os níveis genéticos possíveis. A esse respeito, assinalo de passagem que as representações pré-genitais se encontram, aqui, particularmente implicadas, o que me reassegura a ideia de que, hoje, as melhores indicações de análise não são sempre as neuroses, mas o grupo bem mal delimitado dos estados *borderline*. Dado o proteísmo verdadeiramente importante, mesmo o cuidado atento, do qual falava há pouco, não permitiria encontrar, no que se passa, a intervenção indiscutível de uma fantasia pessoal. Porém, o mais importante talvez não seja isso, talvez seja, a meus olhos, o caráter quase profético dessas produções imperiosas que pudemos verificar muitas vezes.

Em geral, o paciente encontra no decurso da mesma sessão, mas *a posteriori*, um sonho ou um evento mais ou menos antigo no qual ele nunca havia voltado a pensar, ou que foi reprimido, e que se articula perfeitamente com o pensamento que surgiu em mim. Este tem a particularidade de *anunciar* e *enunciar,* ao mesmo tempo, fragmentos importantes do mundo inconsciente do analisado, de maneira que ele conduz diretamente a uma intervenção dotada de um verdadeiro valor dinâmico. Devo dizer que eu não teria querido isolar o fenômeno de modo tão nítido se eu não tivesse sido impressionado com regularidade pelas predições às quais ele me levava seguramente e pelo papel decisivo que ele desempenhava, por isso mesmo, na interpretação.

Tudo isso, de resto, só foi inteiramente elucidado quando compreendi que, nas frases que me vinham ao espírito, era preciso mudar de locutor: eu tinha pensado um *eu* tomando então o lugar do sujeito, enquanto era preciso escutar um *você* ou um *ele*, ao que durante muito tempo opus uma viva resistência no sentido psicanalítico do termo. Quem falava de fato quando os pensamentos e as imagens circulavam no meu espírito e que eu utilizava em seguida no meu trabalho? Quem, pois, se não o paciente, pois nisso não havia nem a participação da minha vida interior, nem reação individual à transferência? Mas, então, é necessário concluir disso que, num nível definido de seu funcionamento, *o aparelho psíquico do analista tornou-se literalmente o aparelho psíquico do analisado*. Este último "invadiu" o aparelho psíquico do analista, momentaneamente o analisado apoderou-se dele para nele desencadear processos mentais originais. Mais precisamente, é por intermédio de sua representação no espaço psíquico do analista que o analisado "toma posse" momentaneamente, ou mais fortemente, do espírito do analista. Claro, nisso o analisado ainda procura, como sempre, ser compreendido, mas ele tem sobretudo necessidade de que o que ele percebe no fundo de si mesmo, sobretudo como uma exigência econômica – ou uma potencialidade fantasiosa inacessível –, se elabore e encontre uma plena figuração, graças ao trabalho de um aparelho psíquico que se tenha anexado. O analista, por seu lado, parece ter se retirado enquanto individualidade habitada por paixões e tendo uma história para dar lugar apenas às capacidades funcionais ativas na ordem da fantasia em vez da atividade lógica do pensamento, e que ele alimenta com sua própria energia.

Seria preciso dar um nome a essa atividade psíquica original do analista, que ultrapassa aquelas que nos são familiares. Para opor tanto ao funcionamento do estado de vigília quanto ao de sonho, e pensando talvez nos trabalhos bem conhecidos sobre o sono, escolhi denominá-la "pensamento paradoxal". Essa forma de atividade por certo não é reservada ao analista, mas creio que este, pelo seu exercício, está especialmente disposto a ela. Qual é, quantitativamente, a importância dos "pensamentos paradoxais"? São constantemente presentes? Os pensamentos paradoxais ocupam apenas um lugar limitado. Só chegam à consciência do analista de maneira fugaz e estão longe de manifestar-se em cada sessão para cada paciente. Se bem que eles se apresentem isoladamente, e como fora de contexto, parece-me difícil lhes dar uma real descontinuidade. De fato, pude constatar que alguns desses "pensamentos paradoxais" eram, apesar de tudo, homogêneos e, por vezes, ligados entre si; assim, cheguei a pensar que eles eram tão somente a parte visível de um fenômeno infinitamente mais amplo, desenrolando-se o mais das vezes em surdina, afastado das outras atividades mentais e dotado de uma espécie de continuidade. É o que chamei de "sistema paradoxal", um sistema pouco acessível, mas que nos é dado por vezes pressentir. Advinha-se como através de um véu, um desfilar de imagens pulsáteis, figuras em constante transformação que passam, apagam-se e voltam[5]. Levando-se em conta que fragmentos de frases incongruentes ou incompreensíveis se infiltram por vezes nessa teoria de representações, estaríamos inclinados a conferir ao "sistema paradoxal" uma posição intermediária nos confins do inconsciente e do pré-consciente.

Especificando assim o "sistema paradoxal", suscitarei indubitavelmente perplexidade e reservas. Os fenômenos descritos não seriam comparáveis a esses artefatos que alteram o desenvolvimento e a observação de uma experiência e, como tais, não deveriam ser eliminados do campo da reflexão, considerados em suma como nada? Talvez, mas em nosso domínio, o mais razoável, sabemos, não é sempre o mais sensato.

Poderíamos pensar no papel que podem desempenhar, no sistema paradoxal, a projeção e a introjeção, ou, mais precisamente ainda, os mecanismos de identificação projetiva e, do lado do analista sobretudo, a identificação introjetiva. A intervenção desses mecanismos na contratransferência foi largamente explorada. Assim, M. Neyraut não hesita em reconhecer que a contratransferência – bem como a transferência – tem a ver, em certos aspectos, com o pensamento animista, parcialmente identificada com uma projeção do inconsciente. Daí a dizer que coloco uma concepção de algum modo paranoide da atividade do analista, há apenas um passo. De minha parte, não dou esse passo, tendo podido me convencer pela experiência que a apropriação e a invasão do aparelho psíquico do analista não têm nada a ver com propósitos destrutivos. Não se trata, para o analisado, nem de lesar o analista nem de controlá-lo estreitamente, nem

---

5    Num plano descritivo, essas produções podem ser aproximadas das imagens hipnagógicas.

CONTRATRANSFERÊNCIA E SISTEMA PARADOXAL

de depositar nele fragmentos de si clivados e maus. O que está sobretudo em causa, na minha opinião, é o destino da libido narcísica dos dois protagonistas. Se o analista sentisse essa situação como persecutória, seria a prova de uma reação contratransferencial, no sentido banal e negativo do termo. Isso dito, deve-se reconhecer que esses "pensamentos paradoxais" têm para nós algo de incômodo.

Como, ao lado dos processos conscientes e inconscientes que se desenvolvem nele, o analista reconheceria a existência de um outro registro de atividade psíquica, na qual ele não é, por assim dizer, o sujeito? Ele experimenta, identifica, associa, compreende, transmite, é a trama de sua técnica; ele aceita como evidência a famosa comunicação de inconsciente a inconsciente, mas rejeita naturalmente dar um lugar a algo indefinido, não dominado, que está nele como radicalmente estrangeiro. Assim, as reticências que inspiram o "sistema paradoxal" seriam explicadas antes de mais nada pela ameaça que faz pesar sobre a estabilidade de nosso sentimento de identidade. Nosso narcisismo encontrando-se abalado, podemos nos acreditar atacados e nos defendemos com o mais extremo rigor, preferindo ainda acusar o efeito de qualquer problemática pessoal, como se ela própria fosse responsável de uma falha técnica. A esse propósito, não é interdito pensar que o classicismo técnico mais rigoroso tem secundariamente por função proteger o analista contra essa instabilidade. Por outro lado, a tendência a adormecer, pela qual o analista opera algumas vezes uma retirada narcísica, seria outra maneira de se proteger – tão extrema esta que, na verdade, corre o risco de ultrapassar seu objetivo, porque inibindo as capacidades funcionais do analista, o adormecimento paralisa o livre jogo do "sistema paradoxal", ao qual, precisamente, é necessário se abandonar. Felizmente, não é tão fácil escapar ao jogo: a prodigiosa potência da qual dispõe a representação de objeto, tão solidamente instalada no seu hospedeiro que retém uma parte da libido narcísica deste, impede que o analisado possa ser de fato mantido à distância.

Examinando as resistências que normalmente aparecem ao "sistema paradoxal", adquiri a convicção de que elas são tão veementes porque o próprio sistema depende de uma parte de experiências bastante arcaicas, contemporâneas da edificação do sujeito, e, de outra parte, de um mecanismo elementar,

168　　TERCEIRA PARTE

profundamente enraizado em nosso ser, inseparável de nossa carne. Visto a partir do ângulo desse mecanismo primeiro, o "sistema paradoxal" nos conduz então direto ao terreno da biologia – um terreno onde com certeza hesitamos em nos aventurar, ainda que Freud nos tenha claramente mostrado o caminho.

Sabemos que a equipe dirigida no Instituto Pasteur por François Jacob e Robert Fauve descobriu um fato importante que não deixa de dar o que pensar[6]. Os autores estabelecem, com efeito, uma aproximação entre dois casos particulares, nos quais as defesas imunitárias, tão vigilantes em relação a toda intrusão estrangeira, cessam de funcionar. Trata-se de uma parte da tolerância do organismo em relação a células malignas e, de outra parte, da tolerância do organismo materno em relação ao feto, cujo desenvolvimento torna-se assim possível. Em outros termos, as células cancerosas, assim como as células da placenta embrionária, colocam em pane o sistema de defesa do organismo, no qual elas vão se desenvolver. É necessário, portanto, que exista desde o início da vida uma função particular própria a inibir o desencadeamento da defesa imunitária, porque se esta interviesse normalmente impediria o crescimento desse corpo estrangeiro que é o feto, o que talvez seja o caso em certos abortos espontâneos[7]. Porém, é necessário que essa função possa por sua vez ser ulteriormente inibida a fim de que o sujeito esteja em condições de *reconhecer o corpo estrangeiro como tal e de se proteger*. Partindo desse modelo biológico, parece-me possível supor que a representação do analisado se comporte no espaço psíquico do analista ao modo de um trofoblasto, isto é, que ela não deixa o analista reconhecê-la constantemente em sua plena alteridade. Se assim for, compreenderíamos melhor as situações nas quais não sabemos mais quem está onde e quem é quem. O desenvolvimento do "sistema paradoxal" deveria assim depender, em parte pelo menos, da inibição momentânea, ou parcial, das funções que permitem reconhecer o outro e se proteger. Uma inibição que eu diria opor-se de maneira bem-sucedida ao desencadeamento de

---

6　Segundo o relatório do Dr. Escoffier-Lambiotte publicado no jornal *Le Monde* em 7 de dezembro de 1974.

7　Ibidem. A metade do patrimônio genético do embrião – e dos trofoblastos – provém do espermatozoide. A metade desses antígenos de superfície que carregam as células embrionárias é, pois, incompatível com os da mãe.

CONTRATRANSFERÊNCIA E SISTEMA PARADOXAL 169

uma forma dentre as mais tóxicas e talvez fundamental de contra-transferência: a necessidade de eliminar e de rejeitar o analisado.

Essas considerações parecerão talvez um pouco arriscadas, mas, enfim, a nós analistas não falta audácia quando articulamos os mecanismos mais arcaicos do pequeno homem com os modelos fisiológicos de incorporação do bom e da rejeição do mau; ou ainda quando mostramos como esses mecanismos estão presentes nas fantasias suscetíveis de enunciação. Evocarei ainda a prática psicossomática que, ao nos colocar em contato com as origens estranhas das atividades de fantasia, nos demonstra constantemente como são frágeis e móveis os limites entre sujeito e objeto, entre mental e físico. Nesse *no man's land*, os poderes são partilhados e frequentes são as alterações orgânicas, que aparecem e evoluem como resposta às modificações mais variadas, com frequência ínfima, sobrevindo no outro e sentidas pelo paciente enquanto mudanças pelas quais ele próprio é afetado. Isso constitui na minha opinião o modelo do *acting in*. E, assim, nada nos impede de pensar que existe uma profunda homogeneidade de estrutura entre os mecanismos mais elementares e os que figuram entre os mais evoluídos.

Porém, há outros argumentos a favor do "sistema paradoxal" aos quais o analista deveria mostrar-se mais sensível. Já apontei a conexão entre "sistema paradoxal" e despersonalização ou, mais exatamente, a dependência do "sistema paradoxal" em relação ao destino particular da libido narcísica, que implica uma incerteza relativa do sentimento de identidade. Por sentimento de identidade entendo, de acordo com Phyllis Greenacre, a unicidade vivida de um organismo integrado que reconhece o outro sem ambiguidade[8]. Num trabalho anterior sobre *o dentro e o fora*, desenvolvi esses pontos de vista partindo do exame da fantasia: "Se eu estivesse morto."[9] Sustentava então que os objetos fortemente investidos não podem jamais ganhar real alteridade, nem obter o estatuto de sujeitos totalmente independentes. Em paralelo, o ego, em parte perdido nas representações de seus objetos de amor, não acede jamais tampouco a uma identidade inteiramente definida e indiscutível. Avançava, ainda, que não existe uma verdadeira fronteira entre o ego e o não ego, mas uma zona

8   P. Greenacre, *Emotional Growth*, New York: International Universities Press, 1958.
9   Cf. supra, "S.e.e.m."

transicional incerta, um *espectro de identidade* definido pelas diversas posições que pode ocupar a libido narcísica desde um polo interno até um polo externo, que coincide com a imagem do outro. Essas observações poderiam ser tiradas do exame da situação analítica que em particular se presta a isso. Com efeito, o analista deposita sempre uma parte mais ou menos importante de sua libido narcísica na representação que ele tem de seu analisado, e se esse processo aumenta, constitui uma circunstância favorecedora para a atenção flutuante e para a aparição do "sistema paradoxal". Correlativamente a essa dispersão de sua libido narcísica, o analista observa alterar-se a imagem obscura e indefinível que ele tem de sua própria identidade. Em teoria, esse movimento poderia chegar a uma verdadeira translação de um no outro, o que não há possibilidade de produzir-se na prática, pois a libido narcísica não para jamais de circular e de oscilar entre seus polos extremos. Supondo que se queira atentar para certos traços caracterizando a personalidade do analista, seria preciso dar lugar, ao lado de uma disposição especial à identificação primária comparável à do psicótico e do perverso, à conjunção de uma fantasia de maternidade e a uma aptidão à despersonalização.

A respeito da incerteza que afeta o sentimento de identidade, lembro que, para mim, depende igualmente de experiências precoces cuja influência direta perseverou. Uma dessas experiências me parece revelar um fato marcante, que constitui sem dúvida um dos pontos de apoio do "sistema paradoxal" e, ao menos para certos indivíduos, um momento decisivo do desenvolvimento.

Uma paciente me relata que quando tinha aproximadamente dois anos e meio de idade, ela encontrou-se um dia com sua mãe diante de um armário com espelho, que as refletia em pé, lado a lado. Pela primeira vez, a criança vê então as duas imagens. Ela experimenta, assim, dois estados que, ainda que separados por certo lapso de tempo, estão estreitamente ligados. A experiência é ambígua, em todo caso, longe de ser alegre ou triunfante; num primeiro tempo, no entanto, ela comporta um elemento positivo, pois permite um salto mental prodigioso. A criança deduz dessa visão que sua mãe não conhece seus pensamentos, o que lhe permite até mesmo proferir mentalmente algumas injúrias. Mais tarde, referindo-se à vizinhança das duas imagens, ela se encontra tomada por uma profunda angústia. Literalmente aflita, ela se precipita sobre sua mãe, a interpela com violência, gritando: "Mamãe, por que eu sou eu, me diz, por que eu sou eu?" Podemos imaginar o embaraço da mãe; irritada pela insistência da criança, evasiva, quase brutal, ela a afasta sem responder. A paciente se lembra que ela se jogou então no chão, cheia de raiva; sua irmã, bem mais velha que ela, teria assistido diversas vezes essa última cena e lhe teria contado.

Sem dúvida, poderíamos ter pensado no estágio do espelho de Lacan, pois se trata aqui também de uma relação entre a identidade e imagem especular. De fato, a experiência relatada pela minha paciente é algo completamente diferente: ela é muito mais tardia – dois anos e meio aproximadamente – e dotada de uma tonalidade afetiva totalmente diferente. A criança aqui não está mais mergulhada no estado de impotência e de incoordenação motora que caracteriza o bebê. Existe um certo sentido de unidade corporal e dispõe de um certo domínio. Porém, esse novo passo que, portanto, a conduz a uma delimitação mais segura de seu ego, é um passo que ela dá com certa confusão porque pressente que o preço a pagar é uma "fratura" de sua libido. Ainda que o "Eu" comece a se afirmar, todo o ser resiste à necessidade de se retrair sobre si mesmo, de consignar um lugar definido à sua libido narcísica e traçar suas fronteiras. Protesta violentamente contra essa restrição que comporta um duplo luto, o de um antigo si mesmo imenso e o de um objeto narcísico: a mãe dos primeiros tempos. E como vive a ruptura e a angústia de dever ser pela primeira vez e de verdade, a criança luta e retém, por isso mesmo, no fundo de si, a lembrança desse momento de ajustamento. Demasiado rude para ser aceita, a experiência a conduz a recusar, ou ao menos retardar, uma vitória que sente como empobrecedora, até como uma derrota. Porém, apesar de tudo, aproximou-se da realidade e, já que a realidade afirma que o objeto é um outro, este outro ela "comerá", só para não perder a parte de si que se encontra fechada no objeto. Seria concebível que os rudimentos de toda representação de objeto fossem criados e solicitados a se desenvolver dessa maneira no espaço do sujeito. E que a experiência deixasse um resíduo funcional, consistindo, para a libido narcísica, numa capacidade de deslocar-se constantemente entre a representação do próprio sujeito e a representação de seus objetos de amor; e para o ego, numa incapacidade de assegurar-se de uma identidade inabalável.

Resta abordar o problema do ponto de vista das funções do "sistema paradoxal". Os pensamentos que decorrem dele, pudemos observar, permitem um acesso novo ao material latente e interpretações que, por serem um pouco particulares, não são, no entanto, totalmente estranhas a uma maneira clássica de ver. Todavia, exceto que o "sistema paradoxal" concerne mais especialmente às potencialidades de fantasia do paciente que, seja em razão da intervenção pontual de um fator econômico, seja em razão do papel desempenhado pela repressão primária, encontram-se sem condições de desenvolver-se plenamente, ao menos no momento. Esse estatuto não é exclusivamente reservado a certo tipo de pacientes; ele pode de fato ocorrer a qualquer um que possa ser afetado por ele de maneira mais ou menos severa e mais ou menos duradoura. As interpretações correlativas aos "pensamentos paradoxais" conferem uma forma verbal às representações excluídas que, de outra maneira, não teriam podido receber algum investimento pré-consciente, mesmo às custas de grandes alterações. A virtude dessas interpretações se deve em parte ao que, formuladas por um outro que é ao mesmo tempo um si mesmo, abalam um estatuto econômico paralisado, primeiro porque elas são precisas quanto ao momento e quanto ao conteúdo, e segundo porque elas são frequentemente o produto do deslocamento e da condensação. Uma parte das energias normalmente ligadas nos sistemas superiores adquire uma capacidade momentânea de livre circulação e torna-se disponível para investir essas produções do inconsciente atingidas pela exclusão. Essa mobilização, que se faz sem dúvida no ponto de articulação das representações de coisas com as representações de palavras, não deixa de liberar certa quantidade de angústia.

Além da incidência bem particular do "sistema paradoxal" sobre a interpretação, é preciso mencionar um de seus efeitos mais importantes sobre a situação do paciente. Sempre observei com muito interesse o que os pacientes nos dizem por vezes, "Você não está aí", ou então, "Eu não o sinto mais, onde está você?" Ocorre a eles pensar até mesmo que o analista está simplesmente morto, atrás deles, em sua poltrona. As observações desse tipo não traduzem necessariamente a agressividade do analisado; elas não devem, tampouco, serem tidas como uma distração, uma evasão do analista. A prova é que elas aparecem em especial quando o analista é invadido pelos "pensamentos paradoxais" que, justamente, concernem no mais alto ponto ao próprio paciente. Assim, embora justo nesse momento o analista esteja totalmente ocupado dele, o *paciente vive autenticamente um instante de luto*, o que coloca em evidência uma outra função do "sistema paradoxal". As dúvidas que concernem à existência do analista mobilizam no analisado um apetite relacional violento; tendo conservado algo de seu estatuto primeiro de extraterritorialidade, as pulsões são brutalmente mobilizadas, sem dúvida para obter satisfação, mas sobretudo para serem apreendidas e organicamente assimiladas, em outros termos: introjetadas no sentido ferencziano do termo. Nisso me associo, como já havia feito na análise da fantasia "se eu estivesse morto", ao ponto de vista que Nicolas Abraham[10] e Maria Torok[11] admiravelmente definiram.

No momento em que o funcionamento paradoxal se desencadeia, o analisado pode ter o sentimento de perder uma parte de seus instintos porque o outro a leva consigo, aniquilando-se. Porém, uma vez que o analista recobrou a maior parte de sua libido narcísica evadida, que ele retomou o valor objetal e enunciou o desejo, o que fora uma ameaça se revela ter sido uma chance para o analisado recuperar algo das pulsões colocadas em jogo na situação de luto, uma chance para agregá-lo organicamente ao seu ser, a fim de enriquecê-lo no sentido de sua maior autenticidade. É o que me incitaria a pensar que o ser se constrói graças a uma sucessão ininterrupta de experiências fantasiosas de luto.

Coloca-se geralmente que o ego se edifica a partir de suas identificações sucessivas. Talvez, no que tem a ver com as funções estritamente instrumentais. Mas me pergunto, por vezes, se isso não é também esse modo pelo qual ele se falsifica; porque o "Eu" mais verdadeiro só pode estar na elaboração do instinto, isto é, naquilo que ele tem de mais essencial e, como o próprio inconsciente, de mais inaceitável para o espírito.

---

10  N. Abraham; M. Torok, Introjecter, incorporer, *Nouvelle Revue de Psychanalyse*, n. 6, outono 1972.

11  M. Torok, Maladie du deuil e fantasme du cadavre exquis, *Revue Française de Psychanalyse*, v. XXXII, n. 4, 1968.

# 4.

# O Trabalho de Falecimento
# 1976

> *O terrível com os mortos são seus*
> *gestos de vida em nossa memória.*
> *Pois, então, eles vivem atrozmente*
> *e não compreendemos mais nada deles.*
>
> ALBERT COHEN, *Le Livre de ma mère.*

A respeito do que se passa com o indivíduo nos últimos momentos de vida, costuma-se dizer que só se pode aventar em termos de processos fisiológicos ou biológicos, como se as mudanças que intervêm então no aparelho psíquico escapassem necessariamente a todo esforço de compreensão. O analista, bem como o filósofo, deveria simplesmente desistir. É uma maneira de ver, típica de nossa sensibilidade moderna. Nos tempos antigos, assinala Kurt Eissler, acreditava-se ler, por vezes, na agonia, a luta de um deus ou de um anjo com os demônios[1]. Em suma, não se hesitava em contar histórias, construir fantasmagorias, descrevendo alusivamente o que ocorria no espírito *in extremis* no decurso dessa passagem que, hoje, será o objeto de minha atenção.

---

1    K. Eissler, *The Psychiatrist and the Dying Patient*, New York: International Universities Press, 1955.

176 TERCEIRA PARTE

Na verdade, o tema me ocupava há um certo tempo[2], quando, em 1974, três prêmios Nobel, J. Monod, L. Pauling e G. Thompson, publicaram na revista *The Humanist* um manifesto a favor da eutanásia[3]. Conservei esse texto que na época teve repercussão e, ao relê-lo agora, me lembro de uma palavra de um de meus mais antigos analisados. Perfeitamente estranho a qualquer conhecimento analítico, esse homem me dizia de tempos em tempos: "Penso que [...], mas meu pensamento me diz que [...]", a segunda parte da frase contradizendo, claro, quase sempre a primeira. A tese exposta no manifesto remeteu-me imediatamente a uma situação parecida. Por um lado, com efeito, eu acreditava compartilhar espontaneamente e sem reservas as ideias e, de outro lado, no momento de tratar com mais profundidade o tema do falecimento, eis que meu "pensamento", como teria dito meu paciente, me cochichava outra coisa completamente diferente. Vou ter então de me acomodar com reflexões, em parte, contraditórias.

Moral nenhuma, afirmam os signatários do manifesto, seria capaz de interditar quem quer que seja de colocar fim à sua vida, quando é atingido por uma doença horrível contra a qual os remédios conhecidos são ineficazes: "seria bárbaro e cruel" manter uma pessoa em vida contra sua vontade, quando esta vida justamente "perdeu toda dignidade, beleza e significação", "o sofrimento inútil não deveria ter lugar nas sociedades civilizadas". Nessa perspectiva, quando não é mais possível "viver plenamente", a eutanásia deveria ser para cada um uma esperança e mesmo um direito. Tal argumentação parece irrefutável; em todo caso, só se opõe a ela, em geral, princípios morais ou religiosos bastante convencionais: o mérito da coragem, o enfrentamento do trágico da existência, as virtudes do sofrimento etc. No manifesto, contudo, dois pontos em especial me deram o que pensar: a impossibilidade de viver plenamente, noção ao mesmo tempo categórica e imprecisa, que deixa adivinhar uma problemática narcísica, o temor de não estar à altura das exigências do Ideal do ego; depois, do ponto de vista ético, segundo o qual "a morte deveria ser considerada como uma parte integrante da vida". Porém, como conciliar essa concepção que, segundo os autores, decorre da moral, até

2 Cf. supra, "S.e.e.m."
3 Reproduzido no jornal *Le Figaro* de 1º de abril de 1974.

da filosofia, com o ato puramente material, que é suposto dar à vida e à morte, tomadas em conjunto, toda sua dignidade? Se a morte não é mais apenas um último acidente biológico, o derradeiro efeito de uma deterioração somática, então somos levados a considerá-la igualmente como um evento psíquico e nos comportar consequentemente.

A reflexão psicanalítica, sabemos, chegou ao problema da morte essencialmente por intermédio dos fenômenos de repetição e de agressividade, quer dizer, por intermédio de coisas observáveis na vida. Poder-se-ia, da mesma maneira, seguir o caminho inverso, partir da morte para nos voltarmos à vida, ou mais exatamente, para um aspecto bem particular da vida chegada ao seu termo. Não que eu queira fazer uma projeção da morte na vida até sua própria origem, como propõe certas ontologias (Heidegger). Eu me contentarei em abordar, aqui, o período terminal da existência do sujeito irremediavelmente condenado, dito de outra maneira, o falecimento num sentido largo. Porém, poderia dizer, as formas infinitamente variadas do *processus* desafiam toda analise; além disso, se os analistas se dedicaram longamente ao luto, que é bastante acessível, eles não tiveram absolutamente ocasião de dispor da morte enquanto "material clínico" para fundamentar uma reflexão, a menos que tenham frequentado um hospital geral, onde a experiência da morte oferece à observação os aspectos mais diversos. Além do mais, aqueles que, sentindo nisso um verdadeiro domínio de pesquisa, orientaram nesse sentido uma parte de seu trabalho, parecem ter, com frequência, se detido a meio caminho, por razões que elas próprias mereceriam ser examinadas.

A análise é, no entanto, o melhor meio de não perder essa atividade psíquica essencial, o último trabalho que todo ser deve cumprir no curso dessa passagem, que é literalmente o falecimento. Se o manifesto dos Nobel me deixou tão perplexo, é porque, ao exprimir a vontade de integrar a morte na vida, ele não levava em conta todas as consequências implicadas logicamente na formulação. A necessidade de abreviar os sofrimentos do indivíduo para preservar a dignidade do seu fim, quem não reconheceria? Só não se pode ignorar que ela implica indiretamente neutralizar o trabalho psíquico que o moribundo pode efetuar naturalmente. Por outro lado, não é menos certo que o sofrimento físico pode danificar a atividade mental; mas quem decidirá? De direito, aquele sofre; ora, na última extremidade, ele é habitado por pensamentos contraditórios. Assim, quando alguém reclama que se apresse seu fim, ele encontra ao mesmo tempo o meio de exprimir em surdina uma demanda completamente diferente, que é preciso saber decifrar. Profundamente, o moribundo espera que se evite essa relação, esse engajamento recíproco que ele propõe quase secretamente, por vezes sem saber, e do qual vai depender o desenrolar do "trabalho de falecimento". Efetivamente, ele se engaja, em virtude do que imagino ser uma espécie de saber da espécie, numa última experiência relacional. Enquanto os elos que o ligam aos outros estão no ponto de se desfazer por completo, ele é, paradoxalmente, tomado por um movimento poderoso, sob certos aspectos, passional. Assim, ele superinveste seus objetos de amor, pois estes são indispensáveis ao seu derradeiro esforço para assimilar tudo o que não pôde até então na sua vida pulsional, como se ele tentasse se colocar completamente no mundo antes de desaparecer.

Podem talvez estar surpresos por ainda não terem encontrado até aqui qualquer referência ao instinto de morte. É uma aposta que faço, já tive oportunidade de me explicar a respeito disso[4]. Penso, com efeito, que ao examinar os fatos clínicos, quaisquer que sejam eles, seja melhor colocar momentaneamente essa problemática à parte. Dito de outra maneira, arrastado numa discussão interminável que, certamente, tem sua utilidade, mas num nível completamente diferente, corre-se o risco de perder o contato com a realidade. Além do mais, a clínica sempre me levou a acentuar menos o instinto de morte do que as modalidades de funcionamento do instinto, ou, de preferência, seu *destino*[5]. Em vez de me pronunciar a respeito da natureza instintiva de certos movimentos de aparência letal, prefiro manter oposições funcionais, por exemplo, o antagonismo princípio de constância/princípio de inércia, que, na questão que nos ocupa aqui, me parecem fornecer um aparelho teórico suficiente.

◆ ◆ ◆

4   Cf. supra, "S.e.e.m."
5   Cf. supra, "Um Caso de Masoquismo Perverso".

O TRABALHO DE FALECIMENTO 179

Os analistas, tendo podido seguir em psicoterapia ou mesmo observar suficientemente por tempo relativamente longo pacientes condenados a curto prazo, são com certeza pouco numerosos. Sua experiência é preciosa, sobretudo em relatos de casos detalhados, como o fizeram, por exemplo, Kurt Eissler[6], Janice Norton[7] e Elisabeth Kübler-Ross[8]; esta última era também professora de psiquiatria na Universidade de Chicago, onde ela havia fundado um seminário de pesquisas consagrado a essa categoria de pacientes. Ora, cada um desses autores, ainda que partindo de observações rigorosas, feitas com um senso clínico penetrante, chega a conclusões por vezes contraditórias. Tem-se o sentimento de que, nisso, pensamentos opostos caminham em paralelo, uns dependendo essencialmente de dados contratransferenciais e de referências teóricas – do luto, em particular – outros decorrendo de uma atitude afetiva profunda, de uma intuição obscura, mas fecunda. E embora a intuição permita apreender de perto o que se passa realmente, ela é relegada a segundo plano, desde que se trate de formular uma teoria.

Kurt Eissler, por exemplo, sublinha com pertinência que o terapeuta desses pacientes deve reconhecer e satisfazer seus anseios, antes mesmo que eles tenham sido exprimidos[9]. Citando Ernest Jones, ele insiste sobre a importância dessa disponibilidade absoluta que, para o terapeuta, ganha o valor de um dom de sua própria vida ao paciente. Assim, este pode transformar o horror de ter sido "escolhido" pela morte, enquanto a vida continua no mundo, numa morte partilhada com um outro que se arrasta consigo – o que corresponde, talvez, a um novo nascimento[10]. Eissler não ignora, pois, a transferência intensa desses pacientes que, longe de se destacar de seus objetos de amor, procuram substituí-los, desde que estes lhe fazem falta. Porém, isso não o impede de escrever um pouco adiante que, ao aproximar-se da morte, a agonia seria aliviada se o paciente fosse capaz de uma espécie de trabalho de luto sobre seus objetos de amor, que, ao

6   K. Eissler, op. cit.
7   J. Norton, Treatment of a Dying Patient, *The Psychoanalytic Study of the Child*, V, XVIII.
8   E. Kübler-Ross, *On Death and Dying*, London, Tavistock Publications, 1969.
9   Op. cit., p. 126.
10  E. Jones, On Dying Together, *Essays in Applied Psychoanalysis*, London: Hoggarth Press, 1951.

180 TERCEIRA PARTE

lhe permitir desinvestir o mundo por antecipação, o conduziria a aceitar a morte como uma "consequência natural da constelação econômica do momento"[11]. Eissler vê bastante bem que, enquanto os objetos permanecem claramente percebidos na realidade, um tal desinvestimento não é, em absoluto, concebível, mas a oposição que subsiste entre suas anotações clínicas e seu comentário teórico, no entanto, não diminui.

O notável trabalho de Janice Norton sugere críticas análogas. O caso tratado é exemplar. Trata-se de uma jovem casada e mãe de duas crianças, que Janice Norton toma em psicoterapia durante o período terminal de um câncer generalizado. A paciente, bem pouco neurótica, nos diz a autora, estava perfeitamente informada de seu estado. Ela sabia que lhe restava muito pouco tempo de vida, alguns meses no máximo. Como ocorre amiúde, a perspectiva de sua morte próxima havia perturbado seriamente suas relações com seu meio. Assim, seu marido, seus pais, uma irmã que, no entanto, a amavam com ternura "tinham de tal modo desinvestido suas relações com ela que não podiam mais ser de qualquer auxílio. Para eles, sob muitos aspectos ela já estava morta ou mesmo retardava demasiadamente o momento de morrer". Apesar da defecção de seus próximos, apesar da progressão do mal com seu cortejo de enfermidades – por exemplo, uma cegueira temporária –, "a necessidade de uma troca com o outro, longe de diminuir, não cessava de aumentar". Janice Norton parece ter sido imediatamente sensível a esse apelo; ela respondia a ele espontaneamente e constatou com rapidez o desenvolvimento de uma transferência intensa, que ela pôde seguir até seus aspectos mais regressivos. Justamente, esses foram compreendidos como um meio de manter em todos os níveis um investimento constante e poderoso do terapeuta. Tal movimento ia tão longe que a paciente, falando de sua imaginação "boba e ilógica", tinha, por vezes, o sentimento de que Janice Norton estava perto dela vinte e quatro horas por dia e ela não parava de lhe falar. No decorrer de sua transferência regressiva, a paciente tendo repetido alguma coisa que tinha relação com suas relações com sua mãe, Janice Norton não deixou de levar em conta, ela compreendeu que lhe era necessário assumir certas funções do ego da

11 Op. cit., p. 180.

O TRABALHO DE FALECIMENTO

paciente, da maneira de uma mãe que desempenha o papel de ego externo de seu bebê. Janice Norton afirma ainda que o essencial da psicoterapia, seu objetivo maior, é de facilitar ao máximo o desenvolvimento dessa relação transferencial regressiva a fim de *proteger o paciente contra todo sentimento de perda objetal*. De fato, quando o meio familiar e médico faz falta, expondo o paciente ao que ele mais teme, morrer só, é justamente o psicoterapeuta que é o melhor armado para reter sobre ele todos os investimentos. No caso presente, a paciente, nos diz a autora, parece ter resolvido o problema da separação inevitável com sua terapeuta ao arrastá--la, em sua fantasia, com ela na morte, "ainda que", acrescentava por vezes, "isso não possa se produzir exatamente no mesmo momento". Essa incorporação do objeto, de mesma natureza que aquela que permitia à paciente de alucinar a presença constante de Janice Norton, é quase, até certo ponto, comparável à que se observa no trabalho de luto, mas até certo ponto apenas, por-que o trabalho de luto só se realiza completamente se ele chega a uma recuperação dos investimentos colocados nos objetos per-didos. Se a jovem havia realizado em relação aos seus próximos certa retirada, a libido assim liberada, exaltada mesmo, tinha sido imediatamente implicada na sua relação com a terapeuta, pes-soa, assim, para ela, da qual estava fora de questão fazer o luto. E, como ela estava praticamente assegurada que seu derradeiro objeto não se esquivaria, ela não tinha razão de retirar a libido colocada na sua representação. Tudo isso é claro na observa-ção, mas, então, por que Janice Norton subscreve os pontos de vista de Eissler sobre o benefício que seria para o moribundo o luto antecipado de seus objetos? Por que o traço marcante dos últimos meses da vida de sua paciente lhe parece ser o trabalho de luto, que ela efetuava sobre seus objetos de amor familiares, enquanto o verdadeiro objeto, sobre o qual tudo se tinha concen-trado, a terapeuta, era ela precisamente? Como podia ela ajudar a jovem a morrer, ao lhe evitar toda vivência de perda objetal, e acreditar, ao mesmo tempo, que é mais fácil morrer quando se está separado de seus objetos, dito de outro modo, quando se está já morto afetivamente? Todas essas contradições têm a ver, claro, com a autoanálise do terapeuta, e eu só as sublinho com insistência porque elas me parecem inevitáveis, tanto que, ao julgar a importância das pessoas reais e sua presença efetiva

182 TERCEIRA PARTE

absolutamente decisiva, termina-se por subestimar o papel das representações de objeto e das fantasias nas quais elas são tomadas. Da mesma forma, a preponderância do que se passa no nível dos *processus* conscientes impede apreender claramente a fantástica alteração tópica que se produz nesses últimos momentos. Enfim, ao se interessar quase exclusivamente pelo destino dos afetos – tomados no sentido mais restritivo –, negligencia-se o do instinto, enquanto os "novos processos estruturais" de que fala Eissler poderiam precisamente depender dele. Mas ocorre também que o tema da morte exerce sobre nós uma tal fascinação que nos esquecemos de indagar sobre a sorte da libido, cujos movimentos, ao aproximar do fim, são, no entanto, tão dignos de atenção quanto aqueles que presidiram o início da vida. De minha parte, sempre fui tocado pelo fato de que o que nos escapa com tanta frequência é perfeitamente percebido e compreendido pelo pessoal da enfermagem, ou por um meio médico atento[12]. Na véspera de sua morte ou nas horas que a precedem, o comportamento de certos pacientes deixa deduzir um surpreendente elã pulsional, uma avidez regressiva, positivamente *unheimlich*, que faria quase falar de um incêndio do desejo. Uma doente que havia perdido completamente o apetite se joga vorazmente sobre a comida: quando se esperava uma extinção acelerada de todos os processos, eis que, de uma forma certamente insólita que gera um mal-estar, a vida parece subitamente exaltar-se. E como as pessoas ainda presentes são estranguladas pela angústia, elas utilizam plenamente a negação. Cegos pelo valor de prognóstico funesto do que se passa, elas começam a acreditar numa miraculosa remissão. O caso não é frequente, talvez, mas o argumento estatístico é sem importância quando se trata de delinear a forma exemplar de um fato. Além do mais, a "paixão" da qual falo não é sempre espetacular, e para quem quer tudo ignorar, é fácil não ver. Não se deveria, no entanto, passar ao lado do aspecto relacional do fenômeno, no qual os objetos de amor investidos são como que envolvidos por inúmeros braços e secretamente convidados a uma espécie de festa maníaca. Eu me recordo de um caso bem próximo do que descreve Janice Norton, aquele de uma jovem que também chegara ao derradeiro estágio de uma generalização

12  Cf. supra, "S.e.e.m."

O TRABALHO DE FALECIMENTO

cancerosa. Até o final, seu comportamento deixou estupefato seu meio, eu também; no momento, eu absolutamente não o apreendi. Na horrível condição que podemos imaginar, com as metástases ósseas difusas e afetando até a coluna, ela começou uma relação amorosa completa com um de seus cirurgiões, o mesmo que a tinha informado claramente de seu estado e, consequentemente, do prognóstico. Embora a autenticidade dessa ligação não tenha sido colocada em dúvida por ninguém, alguns ficaram, de alguma maneira, chocados com a atitude do cirurgião, uma personalidade de grande inteligência e elevado valor moral, que, após ter sido tomado pelo movimento transferencial, tinha sentido obscuramente alguma coisa de fundamental. Porém, o elã da jovem não se limitou ao movimento amoroso; ela conseguiu ainda conduzir um trabalho pessoal no domínio da arte e, para assegurar seu sucesso, participou alguns dias antes de sua morte de uma manifestação, à qual foi conduzida de ambulância. Nesse dia, todos a viram sorridente, bem vestida, brilhante, enquanto médicos e enfermeiros tremiam com a ideia do acidente previsível, que pudesse romper no momento essa intensidade de vida.

Antes de encontrar Janice Norton, sua futura paciente tinha feito uma experiência bem parecida à dessa outra jovem. Um pastor vinha visitá-la com frequência, e no curso desses encontros eles "filosofavam" sobre a imortalidade. Apesar de ser das mais céticas em relação a qualquer doutrina religiosa, a paciente tinha prazer nesses encontros. Pouco a pouco, essas conversações com o pastor tomaram um caráter mais pessoal e chegou um momento em que ela lhe declarou estar a ponto de se apaixonar por ele. Compreende-se a reação do pastor, sendo ele menos profundo que o cirurgião. Ele respondeu à jovem que ela não era realista, que estava doente etc. Ele encurtou suas visitas e depois fugiu. A perspectiva da morte não havia em nada diminuído a necessidade que a doente tinha dos outros, pelo contrário, havia exacerbado. Suas faculdades criadoras reanimaram-se igualmente e, nos meses que se seguiram à aparição das metástases, ela começou a escrever poemas novamente. Um outro pequeno fato exprime bem, nos centros dessas estranhas transferências, as esperanças tenazes da libido. Um dia, a jovem pediu a Janice Norton para usar, após sua morte, um vestido vermelho que ela comprara antes do começo de sua doença com a intenção de tornar-se mais sedutora.

184 TERCEIRA PARTE

◆ ◆ ◆

Essas observações que, de resto, não são em nada excepcionais, mostram bem os dois traços essenciais caracterizando a chegada da morte, quero dizer: *a expansão libidinal e a exaltação do apetite relacional*. Esses dois movimentos, que se comandam um ao outro, presidem a atividade psíquica particular que denominei "trabalho de falecimento", pensando no luto evidentemente, mas também no sonho que, à sua maneira, responde a uma exigência de mesma ordem. Numa aproximação, que não é absolutamente arbitrária, encontrei a confirmação de um fato exemplar provando que esses dois aspectos do mesmo trabalho são quase indissociáveis. Assistindo, sem nenhum recurso, à morte de um homem vítima de uma hemorragia fulminante, um colega me relata que ele viu o infeliz sair subitamente do estado de inconsciência, no qual mergulhara, para gritar justo antes de se extinguir: "Acabo de ter um sonho curioso." Nesse episódio dramático, o homem, de toda evidência, tenta um derradeiro esforço antes de morrer, como se ele quisesse ou devesse fazer alguma coisa com o que estava lhe ocorrendo.

É uma ideia bem conhecida aquela que diz que o ser humano vê desfilar toda sua existência em imagens no momento mesmo em que está chegando seu fim. Mas como e por quê? Que sentido se deve atribuir a essa espécie de sacrifício da vida anterior que seria então realizado? Para apreender um pouco mais de perto essa contração extrema do último instante, é preciso sem dúvida voltar à observação, interrogar-se sobre a finalidade dessa atividade psíquica, da qual percebe-se mais ou menos claramente os efeitos, e levar em conta um aspecto essencial do problema, que é a temporalidade. Na aproximação que se pode fazer entre trabalho de luto e trabalho de falecimento, não se deve negligenciar uma diferença de peso, isto é, de modo contrário ao enlutado, o moribundo só dispõe de pouquíssimo tempo para realizar sua tarefa, e esta, além do mais, é a última. É verdade que a maneira com a qual esse "pouco tempo" é vivido não tem talvez nada a ver com o que chamamos de "pouco tempo" na vida. De minha parte, sou levado a acreditar que se produz no final uma extraordinária condensação dos dados temporais, como se a consciência fosse, então, progressivamente afetada pela lei de atemporalidade que reina no inconsciente. Além do mais, é provável que o trabalho de falecimento, no sentido que entendo, comece bem antes da agonia. Para a paciente de Janice Norton assim como para a jovem que relatei, ele havia começado vários meses antes da morte, em parte, talvez, porque elas tinham sido completamente informadas de seu estado, o que, na minha perspectiva, criou a situação mais favorável. Elisabeth Küber-Ross[13], que pôde estudar mais de duzentos casos, partilha ao menos em parte esse ponto de vista, quando propõe substituir a questão "Devo informar meu paciente?" por "Como vou partilhar esse saber com ele?" De qualquer maneira, acrescenta, quer eles tenham sido informados ou não, a maior parte deles, se não todos, "sabiam". O trabalho de falecimento começaria, então, a partir do momento em que o paciente "sabe"? Eu tenderia a pensar que ele começa bem cedo, porque os processos mórbidos que se desenvolvem no corpo, o aparelho psíquico não deixa jamais de reparar em algum nível; depois disso, ele os coloca em forma, relata-os simbolicamente, os dramatiza como num sonho destinado ao esquecimento, o que já implica certo engajamento da libido. Para Elisabeth Kübler--Ross, que tem sobretudo presente o que afeta o ego consciente, o paciente informado de seu estado atravessa diversas fases, que vão da recusa e da negação ao abandono da esperança impossível, passando pela raiva, pelas negociações, pela depressão e resignação. Se o trabalho de falecimento começa bastante precocemente, como acredito, é possível que ele só se efetue de fato a partir do momento em que, tendo ultrapassado a fase de depressão, o paciente chega a uma espécie de aceitação do destino, o que, pude observar uma vez, pode-se fazer num tempo bem curto.

Em alguns pacientes, as representações dos objetos de amor são tão poderosamente investidas que o trabalho de falecimento se desencadeia por si mesmo; porém, com maior frequência, os casos que citei constituem bons exemplos disso, a presença de uma pessoa real é indispensável. Que esta seja um próximo, um médico ou um analista, é preciso que ela esteja realmente disponível, segura aos olhos do paciente e capaz de satisfazer suas necessidades elementares, o que significa, profundamente, que aceita que uma parte de si seja incluída na órbita fúnebre do

13 Op. cit.

moribundo. Prefiro esta última formulação à de empatia ou de identificação, sempre seletiva, porque tem mais em conta esse fato essencial que, na desastrosa deficiência dos objetos de amor ou de seus substitutos, o que está em jogo na realidade é o temor ancestral de ser arrastado, devorado pelo moribundo. O folclore ilustra com abundância esses temores, mas mesmo na experiência corrente não é raro escutar um sobrevivente afirmar que o defunto procura sempre capturá-lo para além da morte. Voltarei sobre as consequências da carência dos objetos, por agora observarei apenas que quando o objeto não é mais capaz de manter seu papel, sua representação se altera no espírito do paciente, o qual substitui, então, a relação com ela por uma identificação, ou para retomar o termo de Siegmund Heinrich Fuchs no seu estudo sobre a introjeção, pela edificação de um *monumento funerário*[14]. À medida que as capacidades de transferência do moribundo aumentam, em virtude desse movimento paradoxal que tentei descrever, ele concentra pouco a pouco seus interesses profundos numa só pessoa, que de resto não faz necessariamente parte dos seres mais caros. O importante, com efeito, é que o objeto eleito seja capaz de expor-se, sem angústia excessiva, ao longo movimento captativo que tende a envolvê-lo por inteiro, dito de outra maneira, que não haja uma grande heterogeneidade entre o que ele é e sua representação no espírito do paciente. O moribundo forma, assim, com seu objeto, o que eu denominaria sua "última díade", por alusão à mãe, da qual o objeto poderia muito bem ser uma última encarnação. O grito do homem chamando sua mãe justo antes de expirar, seja um apelo de socorro ou anúncio de seu próximo reencontro, é apenas o exemplo mais evidente dessa sinonímia da mãe e da morte, que se torna patente quando certos limites da luta pela vida são ultrapassados. De qualquer maneira, o moribundo e seu *objeto-chave* constituem uma espécie de organismo, quase um corpo independente, que, para poder construir-se, exige um contato físico entre seus elementos. Acredito que nunca houve uma avaliação suficiente da importância desse contato elementar, fosse ele limitado a duas mãos que se seguram quando a troca verbal tornou-se impossível. Existe aí algo de comparável ao organismo formado pela

14   S.H. Fuchs, On Introjection, *International Journal of Psychoanalysis*, 18, 1937, p. 269.

O TRABALHO DE FALECIMENTO

mãe e seu recém-nascido; ou ainda ao esquema corporal em via de edificação, quando a imagem global e integrada depende das tomadas de contato sucessivas entre os diversos segmentos do corpo. No seio dessa organização, todo movimento afetando um dos protagonistas repercute e se amplia no outro; a menor retirada contratransferencial traduz-se de imediato por uma modificação mais ou menos sutil do comportamento que desloca a *díade*. Essa relação é tão frágil que não apenas toda retirada afetiva lhe é fatal, mas também, para mantê-la, o objeto-chave deveria não ser constantemente sujeitado a uma necessidade imperiosa de manter a estabilidade de sua identidade. Em outros termos, ele deveria alimentar e assegurar uma presença qualitativamente sem falha e assumir certa nebulosidade de seu ser, viver quase em estado de ausência. Coisa difícil, com certeza, mas não impossível pois, de fato, nós não acedemos jamais a uma identidade indubitável, perfeitamente estável, definida sem ambiguidade. Ainda que, para a maioria, esse estatuto de relativa *a-personalização* seja, talvez, acessível apenas em certos momentos extremos, resulta naturalmente da indiferenciação originária do "eu" e do "não eu" que, segundo minha opinião, jamais foi completamente reduzida e está sempre pronta a reaparecer, mesmo fora do campo da patologia. Se, na unidade orgânica que formam o moribundo e seu objeto-chave, o "eu" é sempre em parte depositado no outro, tudo isso se deslocando nesse espaço transicional que descrevi em outro texto como espectro de identidade[15], eis que a libido narcísica permanece presa nas representações de objeto, as quais podem ser *outras* sem perder seu caráter familiar. Nisso, o fim da vida se assemelha profundamente ao seu começo, o que a observação confirma e saberíamos provavelmente por instinto não fossem nossas ideias preconcebidas. Pode-se mesmo conceder a essa analogia, que a sabedoria popular e os poetas amiúde pressentiram, um valor de alguma forma dinâmico, no sentido de que a morte por vir participaria, ao longo da vida, da construção do ser e da individualização da qual ele é suscetível. Uma hipótese que me coloca em contradição com o que eu dizia acima da projeção retrógrada da morte na vida, mas que não é, no entanto, para se excluir inteiramente.

15  Cf. supra, "S.e.e.m."

188 TERCEIRA PARTE

Concebe-se que os *processus* que tenho em vista aqui subvertem a tópica. Num certo momento, o ego daquele que vai morrer sabe e ao mesmo tempo não sabe; o id continua a desejar e a se manifestar, com o assentimento inesperado do ego que a exacerbação do instinto no entanto alertou. A proximidade do momento fatal provoca assim uma espécie de clivagem do ego, tendo por consequência o encaminhamento de duas linhas de pensamento contraditórias, onde cada uma se exprime independentemente da outra. Segundo uma, a morte, em virtude de uma verdadeira negação, não existe simplesmente; segundo a outra, também tão claramente afirmada, só se pode resignar ou mesmo almejar terminar o mais rapidamente possível. Em suma, nos encontramos face a uma situação comparável à da psicose, com o detalhe que ela não decorre de uma perturbação mental. Em certos casos, no entanto, a posição se aproximaria mais do esquema neurótico, a resignação disfarçando mal um apetite relacional perfeitamente consciente, enquanto o fundamento pulsional é ou totalmente ignorado, ou percebido indiretamente, quando o deslocamento sobre o objeto transferencial faz deste último o representante do moribundo no mundo, onde se vivem as experiências de satisfação. É nesse sentido que se poderia interpretar o dom do vestido vermelho que Janice Norton recebeu de sua paciente.

Um tal elã não impede no entanto o ego, sem dúvida governado em parte por seu ideal, de reivindicar por vezes orgulhosamente seu direito à morte, mas mesmo então, ele não tem poder real sobre o processo transferencial. Ainda precisamos esclarecer o sentido dado à noção de transferência; de minha parte, adotei aqui, como já havia feito em outros capítulos[16], a definição proposta por Ferenczi e retomada por Maria Torok[17] e Nicolas Abraham[18]. Na observação de Janice Norton, pudemos observar como os interesses da paciente se concentravam sobre um só objeto e como uma relação antiga se repetia nessa ocasião, mas, sobretudo, como o analista se encontrava pouco a pouco englobado, digerido. Graças à distensão progressiva de seu ser

16 Cf. supra, "S.e.e.m." e "Contratransferência e Sistema Paradoxal".
17 M. Torok, Maladie du deuil et fantasme du cadavre exquis, *Revue Française de Psychanalyse*, v. XXXII, n. 4, 1968.
18 N. Abraham; M. Torok, Introjecter, Incorporer, *Nouvelle Revue de Psychanalyse*, n. 6, outono 1972.

O TRABALHO DE FALECIMENTO

psíquico, o moribundo absorve o objeto no seu espaço erótico, e tão totalmente por vezes que ele não sente mais a ausência da pessoa real. Esta perturbação das percepções internas e externas, que decorre de uma profunda regressão das relações objetais, pode certamente ceder ao longo de intervalos livres, nos quais as funções do ego são isentas de regressão. Mas esse momento durante o qual os limites entre o dentro e o fora tendem a apagar-se pode demorar muito tempo; e quando a representação do objeto é quase inteiramente carregada de libido narcísica que o moribundo não cessa de implicar, pode-se dizer que as fronteiras do ser não têm mais nenhuma estabilidade. É precisamente este movimento de aspecto "fagocitante" que o meio do moribundo tem cada vez mais dificuldade de tolerar. Os outros, efetivamente, estão em condições de compreender o sentido que pode ter essa expansão indefinida do ser psíquico, em alguém que, eles o sentem claramente, tende a incluí-los em si e a dissolvê-los. Como eles poderiam dar-se conta de que estão, enquanto *incorporats*, a serviço de uma última paixão, graças à qual o moribundo deveria poder retomar e assimilar toda uma massa de desejos instintivos dirigidos a eles que, até então, ele pôde integrar apenas de modo incompleto? A paciente de Janice Norton com certeza não é a única a temer não ser mais atraente, a chorar todas as experiências que ela não pôde viver e não viveria jamais com aqueles que ela havia amado. Escapando às limitações ordinárias que impõem as leis da temporalidade, aquelas que governam os sistemas superiores, a prodigiosa expansão do ego que acompanha a agonia está assim finalmente a serviço de uma introjeção pulsional que, em contrapartida, aumenta o ser ao dilatar indefinidamente seu narcisismo.

Essa problemática tem alguma relação com a do amor-paixão. Justamente o que Christian David afirma, contrariamente às opiniões desenvolvidas por Freud em *Introdução ao Narcisismo*, é que o estado amoroso "não pode ser julgado como um empobrecimento, pois é também um reasseguramento narcísico bastante eficaz"[19]. O tema romântico dos elos estreitos entre o amor e a morte encontra aqui sua confirmação. Isso dito, o "eu" do moribundo, tanto quanto se possa ainda falar de "eu", não tem mais

19  C. David, *L'État amoureux*, Paris: Payot, 1971, p. 241.

190 TERCEIRA PARTE

lugar no *espectro de identidade*, ou, mais exatamente, ele está em toda parte, o que equivale a não mais estar.

De todas as observações feitas ao lado dos moribundos, pode-se concluir que o doente condenado só se separa daqueles que lhe são caros no momento em que ele está convencido de que eles não podem mais assumir sua função. A ideia segundo a qual a morte seria mais suave para quem consegue se separar de seus objetos antecipadamente é para mim como postular uma *eutanásia psíquica*, isto é, algo que faz fracassar o trabalho de falecimento. Resta o problema da dor; é igualmente um fato da experiência que mesmo as dores mais intensas podem dispor de algum remédio; muito pouca morfina bastava à paciente de Janice Norton, no entanto metástases invadiam seu corpo afetando os pulmões e o esqueleto, o que ilustra a possibilidade de um objeto-chave que, encarregando-se do moribundo, assumindo plenamente seu papel, dispõe de um real poder sobre os fenômenos álgicos. Freud mesmo estava convencido de que "as dores corporais, mesmo as mais intensas, não se produzem (ou permanecem inconscientes) quando o espírito é tomado por um outro interesse"[20]. De minha parte, acrescentaria que quando elas se produzem e são rebeldes a toda terapêutica, as dores anulam as capacidades de investimento e agem no mesmo sentido que o abandono.

Talvez pudessem dizer que aqui descrevi tão somente uma "morte exemplar". É possível, mas o exemplo tira seu valor de fatos de experiência precisos, observados por outros autores também, e me parece digno de ser considerado. Exemplar também, poderiam dizer, a imagem daquele que retira voluntariamente os investimentos que ele havia colocado em seus objetos de amor, que decide a favor de um domínio dos eventos e escolhe livremente a morte, quando seu julgamento o convence que o prosseguimento da luta é vão. Este não se imporia por sua dignidade e talvez sua sabedoria? Moralmente, com certeza, mas psicanaliticamente falando, poderia bem tratar-se de um erro do ego, de alguma maneira de um "desprezo narcísico". Ao dessexualizar suas relações objetais, o homem nega sua debilidade e sua dependência, e sua aceitação raciocinada do destino pode contribuir para aumentar sua estima de si mesmo. Tão imponente

---

20 S. Freud, *Inhibition, symptôme et angoisse*, Paris: PUF, p. 101.

O TRABALHO DE FALECIMENTO       191

quanto pareça, contudo, a decisão de acabar não sela menos a falência do imaginário, ela afirma a predominância das funções de julgamento e, por isso, a hipertrofia do ego-realidade. Por que o ego-prazer, com suas atividades de fantasia que o especificam, deveria extinguir-se primeiro ou ser condenado a não desempenhar seu papel até o fim? Saberemos quando, como, a que ponto as moléstias avançando alteram as atividades inconscientes, que têm lugar no mais profundo do moribundo? Ninguém, nem mesmo ele. Na falta de atravessar retroativamente o tempo nodal do desenvolvimento, em que a criança renuncia à satisfação alucinatória para ao mesmo tempo representar o real *e* abrir uma via às atividades da fantasia, aquele que toma a iniciativa de precipitar seu fim engaja antes da hora uma degradação qualitativa de sua energia psíquica, de sua libido, submetido então apenas à lei do princípio de inércia. Nesse caso, para parafrasear uma formulação célebre, a sombra do ego caiu sobre o id. Assim se encontra cumprido, apressadamente, o que Freud denomina "a derrota da pulsão que obriga todo ser vivo a ater-se à vida"[21]. Eu acrescentaria, a viver até o extremo limite. Com mais frequência, todavia, são os outros, como eu disse, que atravancam o trabalho de falecimento. Cegos ao que se passa, recusam o papel de objetos-chaves do moribundo, ou então aceitam pela metade, esperando que este tome a iniciativa de romper a organização que ele tenta construir com eles. Assim, espera-se do moribundo que ele retire para si toda sua libido para deixá-la degradar-se, sem se perguntar se a perda da qual ele sofre concerne seu ego ou seus objetos; dito de outra maneira, conduz-se o moribundo a algo que não é o trabalho do luto, mas sim um trabalho da melancolia. E quando isso tarda muito a cumprir-se, aqueles que tinham sido antes os objetos de amor, e que tinham amado, apenas observam no moribundo uma coisa um pouco suja, uma espécie de resto que é preciso esconder, quase uma sujeira que é preciso desfazer-se. Por isso o objeto que recusa seu papel expõe-se a perder seu luto e a fracassar mais tarde no momento de sua própria morte. Quanto ao condenado, abandonado à sua infeliz condição, perde sua derradeira tarefa. Não há outra saída que não seja afundar-se inelutavelmente numa posição melancólica, a menos que não

---

21   Idem, Deuil et mélancolie, *Métapsychologie*, Paris: Gallimard, 1968, p. 152.

permaneça fixado nessa outra fase, normalmente fugitiva, onde não fala mais que o ódio em relação ao vivente. Guardei a lembrança de um jovem que conheci bastante bem e que, sabendo seus dias contados, se deu uma carabina para atirar nos pássaros que pousavam numa árvore diante de sua janela aberta.

# Posfácio

*Murielle Gagnebin*[1]

A obra de Michel de M'Uzan, psicanalista francês, é inovadora, até mesmo revolucionária, portanto, importante.

Ressalta uma metapsicologia de obediência freudiana, porém revisitada por ele graças às lições de sua própria clínica.

Numerosos são os psicanalistas fascinados pela linguística ou pela semiótica. Tomam, como apoio analítico, o trabalho sobre as representações conscientes e inconscientes, na esperança de uma religação no seio do aparelho psíquico. De modo diferente desses últimos, Michel de M'Uzan valoriza, sobretudo, um certo abalo econômico, no sentido psicanalítico do termo, suscetível de afetar esses mesmos sistemas ditos secundários. Assim, para esse psicanalista, existe um trabalho preliminar ao acesso do sentido. Esse trabalho visa, de uma maneira totalmente inédita, abalar a quietude do ego. Somente então será liberada a energia necessária a qualquer mutação psíquica. Nessa condição é que a psique torna-se capaz de um investimento original abrindo a porta à mudança (além do mais, à cura!). M. de M'Uzan será levado a convocar, no psicanalista e no seu paciente, o que chamará mais

---

1 Professora emérita na Universidade Sorbonne Nouvelle. Psicanalista, membro titular da Sociedade Psicanalítica de Paris e da IPA. Autora de numerosos livros sobre psicanálise e psicanálise da arte e do cinema.

tarde de "inquietação permanente". Com essa expressão, M. de M'Uzan designa uma disposição de espírito a buscar, ao cabo de numerosas oscilações identitárias, sempre dolorosas mas indispensáveis, o que há de mais autêntico no ser.


## A PREVALÊNCIA DO ECONÔMICO

Veremos neste livro a eficácia de certas noções propostas por M. de M'Uzan, tais como a "quimera psicológica", o "espectro de identidade", o "sistema paradoxal", "o mesmo e o idêntico", o "trabalho de falecimento" etc. Consideremos a prioridade que ele confere ao "econômico", ou mais precisamente à qualidade da energia colocada a serviço de uma instância. Um dos destinos dessa energia é perder seu valor, ser corrompida pela quantidade ou reduzida, simplesmente, a esta última. As possibilidades sublimatórias são então condenadas, pois tudo se joga sob o que M. de M'Uzan designa, em seus últimos escritos (2005, 2015), a "linha do sentido". Cabe então, segundo ele, ao psicanalista permitir ao seu paciente elevar-se acima dessa "linha vermelha" para atingir novamente a mentalização.

Percebe-se então a importância do "econômico" para esse analista. Ele descreverá diferentes trajetórias: as da bissexualidade psíquica sempre a reconquistar; a da neurose obsessiva observada do ponto de vista de um processo; insistirá sobre o "movimento" masoquístico; e distinguirá no ódio um dom de amor e na edificação do superego uma hábil "criação". Verá, na vida, uma sucessão de lutos, obrigando o espírito a mutações criadoras de sentido. Assim, a ameaça de castração será "uma sorte para a imaginação", a agressão, um "valor de amadurecimento", o trabalho de falecimento será comparado a um "processo criador", o sujeito colocando-se no mundo uma última vez (conforme o último capítulo) e, por fim, a pulsão de morte não existirá mais, tornando-se um desvio trágico do cultural. O sujeito extingue-se: não se fala do seu último suspiro? E o termo de pulsão será então reservado à psicossexualidade (da qual faz parte o narcisismo), enquanto M. de M'Uzan confere um lugar, e não dos menores, ao que ele designa como um programa de vida que chamará mais tarde de "vital-identital", próximo assim da autoconservação.

## REVOCAÇÃO DA PULSÃO DE MORTE

É assim que, ao recusar a noção de pulsão de morte, M. de M'Uzan desenvolve aqui a noção não de um instinto especial, mas sim a de um "destino especial do instinto". Só podemos, a essa altura, evocar sua experiência de psicossomático confrontado a casos clínicos severos: retocolites hemorrágicas gravíssimas, psoríases gigantes, asma asfixiante etc. Esse "vital-identital", como ele nomeará ulteriormente, é pois um programa de vida com a morte ao final, indispensável ao despertar da sedução pela mãe que engendrará, com a psicossexualidade, a mentalização e o acesso à linha do sentido. Mas esse destino especial do instinto pode, por sua vez, ser também corrompido: a quantidade então desnatura a qualidade!

## UMA NOVA LINGUAGEM PROPÍCIA AO TRATAMENTO ANALÍTICO

Esse esforço em direção da psiquização é favorecido por uma "gramática inédita" inventada por M. de M'Uzan e que governa a intervenção-interpretação tal como é pensada por ele. Esta solicita, com frequência, a transferência numa modalidade perceptiva. Os exemplos desse tipo de interpretação são dados em grande quantidade nos seus últimos livros, enquanto já em germe no *Da Arte à Morte* (1977). Impressionam pelo seu enunciado sempre lacônico, agindo como uma flecha.

Com efeito, M. de M'Uzan é desses analistas que, contrariamente aos kleinianos, utiliza um registro estratégico e não tático, como poderíamos dizer num jogo de xadrez. É dizer que, se ele precede seu paciente num nível fantasmático, ele não o seguirá jamais, passo a passo, verbalmente (cf. o capítulo intitulado "Contratransferência e Sistema Paradoxal"). Ele aparece então bastante reservado, tendo consciência de que as explicações não servem para nada, e, para fazer-se compreender, utiliza uma comparação com o automobilista que pede uma informação sobre o caminho a seguir. Este agradece pela explicação, parte e pergunta à sua acompanhante, "Você se lembra do que ele disse?", e a mulher responde, "Não, mas ele tinha uma bela voz!" Ocorre o mesmo com o analista de longas frases!

198 TERCEIRA PARTE

Além do mais, o "sistema paradoxal" que governa a elaboração da "quimera psicológica", esse ser nascido do inconsciente dos dois protagonistas e sem o qual não existe uma verdadeira análise, está sempre, para esse analista, adiante do espírito do paciente. Importantes exemplos clínicos são narrados neste livro.

## A CONVOCAÇÃO DE UM DUPLO

Uma das razões que permite um tal avanço exprime-se naquilo que M. de M'Uzan chamou "espectro de identidade". Para o autor, o indivíduo não possui um ego fixado de uma vez por todas. Segundo ele, a unicidade do ego não existe. E os psicanalistas, como Phillis Greenacre[2], por exemplo, estão errados. Por sua vez, o poeta francês do fim do século XIX, Arthur Rimbaud, já o dizia: "Eu é um Outro." Aos olhos de M. de M'Uzan, as coisas são um pouco mais complexas. Essa alteridade enuncia-se para ele pelo termo "espectro de identidade". Lê-se assim: "se 'eu' não está no ego, ele não está tampouco inteiramente no outro, mas repartido ao longo das margens de um espectro, digamos de um *espectro de identidade*, definido pelo conjunto das diversas posições nas quais a libido narcísica é passível de estar; ou, mais precisamente, definido pelos lugares e as quantidades em que se investe a libido narcísica, desde um polo interno até um polo externo que coincide com a imagem do outro". Compreende-se então que duas qualidades fundamentais são exigidas do analista. Primeiro, ter adquirido uma disposição à identificação primária, em seguida, ser capaz de regredir até terrenos móveis onde o "eu" vacila e assim tolerar certas despersonalizações. Tanto que M. de M'Uzan transforma o "no man's land" definido por Donald Woods Winnicott[3]. Este último concebe um "objeto transicional", que é ao mesmo tempo parte da criança, parte do *Nebenmensch*, e ponta do cobertor, lenço, boneco habitual, enfim, esses objetos de múltiplas utilidades, suscetíveis de representar, de maneira substitutiva, a cena das demonstrações afetivas. Esse "no man's land", M. de M'Uzan substitui por um "every man's land". A distinção é importante!

2   P. Greenacre, *Emotional Growth*, New York: International Universities Press, 1958.
3   D.W. Winnicott, *Jeu et Réalité, l'éspace potentiel*, Paris: Gallimard, 1965.

O TRABALHO DE FALECIMENTO

Apenas nessas condições, uma intervenção do analista pode ser realmente mutativa e se enuncia a necessidade da criação de um duplo (cf. segundo capítulo da terceira parte).

Essa concepção é diferente daquela de Otto Rank, que vê na aparição de um duplo o anúncio, para o sujeito, de sua morte. A noção de duplo está presente em toda a obra de M. de M'Uzan. Desde suas reflexões sobre o "processo criativo" (cf. primeiro capítulo) até o que denominou "trabalho de falecimento" (cf. último capítulo).

No "processo criativo", o duplo tem, primeiramente, o aspecto de uma "figura interior" com quem e sobre quem é possível o jogo de todas as tendências contraditórias. Verdadeiro "outro anônimo", a quem o criador dedica a obra e que não tem nada a ver com o público real, esse "personagem interior" é assim o resultado de identificações muito primitivas mas também de impregnações fusionais felizes que conferem a essa personagem um caráter de receptividade total. Esse *alter ego* é o mediador, o destinatário e o genitor da obra. Múltiplas tarefas, todas fundamentais. Porém, M. de M'Uzan fará intervir esse duplo, igualmente, no decorrer da experiência de "tomada de consciência" (cf. "Experiência do Inconsciente"). É assim que se apresenta o reflexo no espelho onde o outro surge verdadeiramente enquanto "duplo" e onde o próprio sujeito é apenas o traço de sua própria pessoa desaparecida (cf. "S.e.e.m."). De fato, já que o ego é tido como estando morto, o sentimento de existir é atribuído ao pretenso "duplo", reflexo do sujeito aniquilado. Encontramo-nos numa espécie de mundo-fantasma governado pela inquietante estranheza que guarda tanta semelhança com a despersonalização, noção essencial em M. de M'Uzan. Ele fará essa experiência capital em sua clínica com pacientes no limiar da morte. Constata, nesses, um duplo esforço. Primeiro, para escapar da evidência, retiram-se de si enquanto duplo. Devemos consagrar uma atenção especial à vinheta clínica na qual uma paciente, esfomeada durante a guerra, diz de sua vizinha: "Ela morre de minha fome." A seguir, chegados no limiar da morte, tentam colocar-se uma última vez no mundo antes de partir verdadeiramente. M. de M'Uzan caracteriza a aproximação da morte por dois traços essenciais: a expansão libidinal e a exaltação do apetite relacional (cf. "O Trabalho de Falecimento").

M. de M'Uzan nomeará mais tarde esse duplo "gêmeo parafrênico" e o fará intervir em situações cruciais da vida: no nascimento,

200 TERCEIRA PARTE

em lutos, mas também, pudemos observar, na aproximação da morte e no trabalho de criação. Este psicanalista propõe que antes de se distinguir do mundo (D.W. Winnicott), o indivíduo deve separar-se de si mesmo. Um si mesmo que será então capaz de solicitá-lo novamente com vistas a permitir-lhe encontrar seu ser mais íntimo. Esse duplo gêmeo, emanando de uma atividade psíquica original, traduz assim um "trabalho de personação" que apenas a experiência de despersonalização autoriza. O "gêmeo parafrênico" de M. de M'Uzan é assim bem distinto do "gêmeo idêntico" de Wilfred Ruprecht Bion[4] que traduz, por sua vez, a incapacidade do sujeito de suportar um objeto que não esteja completamente sob seu controle. Para M. de M'Uzan, o "gêmeo parafrênico", variação do duplo, resulta de uma operação complexa pela qual o "si mesmo arcaico" poderá emergir do ser primordial, espécie de magma fértil comparável a um húmus fermentável e forjar as premissas de uma identidade de caráter aleatório e incerto. Trata-se, consequentemente, para esse psicanalista, de saber desencadear em seu paciente, ao sabor do tratamento, um escândalo identitário e até mesmo agravá-lo. É apenas assim que a psicanálise atingirá seu verdadeiro objeto que M. de M'Uzan nomeia "a inquietação permanente", título de seu último livro (2015).

## A QUESTÃO DO AUTOR EM PSICANÁLISE

Este livro começa, assim, pela tentativa de descrever o processo de criação literária e coloca-nos diante dos "tormentos da criação", o que M. de M'Uzan vai designar, em 2008 e 2015, como "o inferno da criatividade"! Aprendemos, então, que o artista é um ser dotado de uma constituição genética demasiado forte. O quantitativo, nele, vence nas negociações em que o narcisismo confronta cruelmente, num conflito sem trégua, as exigências pulsionais. A concepção de um mundo paradisíaco próprio ao gênio artístico desaparece diante dos componentes eróticos que perderam sua força de ligação e que liberam destrutividade e agressão. Tudo deve, sempre, recomeçar, qualquer que seja o sucesso do artista, o que permite, paradoxalmente, à obra total realizar-se.

4 *Réflexion faite*, Paris: PUF, 1983.

O TRABALHO DE FALECIMENTO     201

O fato, aliás, que um psicanalista escreva, implica que ele perde sua posição de neutralidade. Certamente! Porém, esse problema já tinha sido ultrapassado para M. de M'Uzan quando começou a escrever teoria psicanalítica, pois já havia perpetrado:

- textos de ficção (começo de 1948, em *Empédocle*, revista fundada por René Char e por Albert Camus, e na *N.R.F.*, bem como em *Mercure de France*. Em 1954, publica *Les Chiens des rois*, Gallimard, coleção "Métamorphoses"; em 1962, *Le Rire et la poussière*, Gallimard; e, em 1994, *Celui-là*, Grasset. Todos esses livros pertencem ao gênero de "novelas curtas" ou *short story*).
- textos de medicina psicossomática (para os primeiros, em 1955, sobre a constipação e a retocolite hemorrágica em revistas de psicossomática e em revistas médicas; em 1958, sobre a psoríase e a úlcera gástrica, em 1963, [reedições em 1994, 2015], *L'Investigation psychosomatique. Sept observations cliniques*, em colaboração com P. Marty e C. David, Paris: PUF).

Existe assim, em M. de M'Uzan, uma necessidade de escrever. A partir de um ponto de vista metodológico, constatamos uma convergência. Esta necessidade de escrever encontra, efetivamente, sua fonte e sua realização num mesmo método de abordagem próprio aos registros teóricos e ao que se refere à ficção. Esse método funda-se na noção de vacilação identitária ou de subversão dos marcos identitários que, para M. de M'Uzan, são os únicos que permitem um remanejamento "econômico" do funcionamento mental, o que dá uma chance para que a interpretação seja mutativa.

Toda a teoria converge para esse ponto. E quanto aos textos de ficção?

M. de M'Uzan trata de uma mesma experiência: a de um sujeito em busca do que funda sua identidade. E isso não se apreende diretamente, mas sobretudo marginalmente: M. de M'Uzan descreve com minúcias um objeto, suas qualidades progressivamente ilustradas, surgindo, assim, a paisagem interior específica ao psiquismo da personagem que não se conheceria jamais de outra maneira. É o caso, por exemplo, dos esforços excessivos para atravessar uma praça ("La Place de la Liberté"[5]),

---

5    Cf. *Le Rire et la poussière*, Paris: Gallimard, 1962.

## TERCEIRA PARTE

da insistência com a qual uma personagem retorna aos escombros de uma casa, dia após dia, hora após hora, acreditando reencontrar ali, a cada vez, algum detalhe enterrado, capaz de construir uma fantasia ou reconstruir uma lembrança ("En haut, sous la terre"[6]). Assim ocorre também na descrição minuciosa de uma espinha na testa, vista num espelho, espécie de aspereza metamorfoseando-se logo em cratera, dotada de rachaduras filiformes entrelaçadas, autorizando as figuras do passado a ressurgir: "Meu passado me encontrou", exclama, *in fine*, o herói-narrador[7].

Constatamos, assim, uma relação estreita, neste escritor, entre a escritura de ficção e a exigência da teoria.

A questão do autor é também a questão da narratologia nas histórias de casos e na escritura teórica pura. Convém, por conseguinte, refletir sobre as condições de possibilidade do discurso em M. de M'Uzan, dito de outra maneira, sobre a poética do texto.

M. de M'Uzan começa seus escritos psicanalíticos (relatos de tratamento ou aprofundamentos teóricos) como ficções. Isso não tem nada de surpreendente, pois, segundo ele, a neurose de transferência, ou seja, o fundamento do tratamento psicanalítico, é um verdadeiro romance, com seus requisitos, seu ordenamento, sua trajetória, sua resolução e seu fim. Existe, para ele, um determinismo próprio ao desenvolvimento do tratamento, bem como existe uma necessidade interna na obra de arte. É justo dizer que existe uma real concepção "artística" do analítico quando se coloca nesta noção, antes de mais nada, as exigências ligadas às regressões formais bem como o reconhecimento de imperativos estruturais. M. de M'Uzan coloca-se assim no cerne do desligamento, privilegiando cada uma das situações psíquicas em que o narcisismo e o objetal são levados a intercambiar seus sinais. É de se reafirmar que este psicanalista confere uma verdadeira prioridade às múltiplas modalidades da despersonalização, tema essencial igualmente, observamos, da criação artística.

---

6    Cf. *Les Chiens des rois*, Paris: Gallimard, 1954.
7    Cf. *Celui-là*, Paris: Grasset, 1994, p. 123.

## UM ANALISTA QUE JAMAIS BAIXA OS BRAÇOS

Diante da multiplicidade dos temas abordados por M. de M'Uzan, a criação artística, a memória, a interpretação, o luto, o trabalho de falecimento, o espectro de identidade etc., e, diante das vinhetas clínicas que apresenta e das quais ele tira sua teoria, uma figura aparece – a de um psicanalista que jamais baixa os braços! Como dizer melhor que a obra poderosa de Michel de M'Uzan é coerente de ponta a ponta e que reflete uma personalidade ao mesmo tempo discreta e generosa, íntegra e corajosa!

*Referências*

*Le Rôle de l'art chez Jean-Jacques Rousseau.* Genève: Presses de l'Université, 1971.
*Czapski, la main et l'espace.* Lausanne: L'Age d'Homme, 1974.
*Fascination de la laideur: La Main et le temps.* Lausanne: L'Age d'Homme, 1978; 2. ed. revista e aumentada do posfácio, "L'En-deçà psychanalytique du laid". Seyssel: Champ Vallon, 1994.
*L'Irreprésentable ou les silences de l'œuvre.* Paris: PUF, 1984.
*Les Ensevelis vivants: Des mécanismes psychiques de la création.* Seyssel: Champ Vallon, 1987.
*Pour une esthétique psychanalytique: L'Artiste, stratège de l'Inconscient.* Paris: PUF, 1994.
*Michel de M'Uzan.* Paris: PUF, 1996.
*Du Divan à l'écran: Montages cinématographiques et montages interprétatifs.* Paris: PUF, 1999.
*Authenticité du faux: Lectures psychanalytiques.* Paris: PUF, 2004.
*En-deçà de la sublimation: L'Ego alter.* Paris: PUF, 2011.

# Sobre o Autor

Psicanalista e neuropsiquiatra, Michel de M'Uzan nasceu em Paris, em outubro de 1921. Formado em medicina em 1948, com uma tese sobre Kafka, começou a trabalhar com psicossomática em 1954 no Centre National de la Recherche Scientifique (CNRS). Em 1963, deixou o CNRS para atuar como psicanalista psicossomático no Hospital Bichat, em Paris. Foi diretor do Instituto de Psicanálise de Paris (1969-1971) e cofundou, em 1972, o Instituto de Psicossomática de Paris (IPSO). Com Christian David e Serge Viderman dirigiu a *Revue française de psychanalyse* (publicada pela PUF), de 1970 a 1980. Foi analista de muitos escritores, entre os quais o poeta, romancista e ensaísta Georges Perec (autor de *A Vida: Modo de Usar*, São Paulo: Companhia das Letras, 2009) e a filósofa e romancista Marie Cardinal (autora de *Palavras Por Dizer*, São Paulo: Imago, 1976).

Como psicanalista, nutria profundo interesse pelo estudo dos distúrbios de identidade: alucinações, delírios, múltiplas personalidades. Como afirmou Elizabeth Roudinesco no *Le Monde* (11 jan. 2018), ele enfatizava "uma relação empática com o paciente com base na exploração dos territórios arcaicos do inconsciente" de modo a "desencadear, durante a cura, uma verdadeira desorganização da subjetividade, permitindo ao paciente olhar para si mesmo como a um estranho".

Foi casado com a crítica literária Marthe Robert (1914-1996) e, desde 2001, com a pesquisadora Murielle Gagnebin. Faleceu em Paris a 7 de janeiro de 2018.

## OBRAS DO AUTOR
### Escritos Psicanalíticos

*L'Investigation psychosomatique: sept observations cliniques*. (Em parceria com Pierre Marty e Christian David). A 2. ed. teve a inclusão do capítulo "Préliminaires critiques à la recherche psychosomatique" (com Christian David). Paris: PUF, 1. ed. 1963; 2. ed. aumentada 1994.
*De l'art à la mort*. Paris: Gallimard, 1977.
*La Bouche de l'inconscient*. Paris: Gallimard, 1994.
*Aux confins de l'identité*. Paris: Gallimard, 2005.
*L'Inquiétude permanente*. Paris: Gallimard, 2015.

### Ficção

*Les Chiens des rois*. Paris:Gallimard, 1954.
*Le Rire et la poussière*. Paris: Gallimard, 1962.
*Celui-là*. Paris: Grasset, 1994.

### Antologia

*Anthologie du délire*. Monaco: Rocher, 1956.
A obra de M. de M'Uzan tem as seguintes traduções: em inglês, *Death and Identity*, por A. Weller (London: Karnac, 2013); em alemão, traduzidos por H.-D. Gondek, *Identität und Tod* (Giessen: Psychosozial, 2014); e *Depersonalisation und Kreativität* (Giessen: Psychosozial, 2014). Muitos dos seus textos foram publicados em espanhol na *Revista de Psicoanálisis*, Madri, traduzidos por J.F. Artaloytia, e na Itália na *Rivista di Psicoanalisi,* Rome, traduzidos por A. Baldassaro.

### Acerca do Pensamento de Michel de M'Uzan

ANDRÉ, Jacques (Dir.). *La Chimère des inconscientes: Débat avec Michel de M'Uzan*. Paris: PUF, 2008.
BARUCH, Clarisse (Dir.). *Nouveaux développements en psychanalyse: Autour de la pensée de Michel de M'Uzan*. Sèvres: EDK, 2011.
DUPARC, François (Dir.). *L'Art du psychanalyste: Autour de l'œuvre de Michel de M'Uzan*. Lausanne: Delachaux & Niestlé, 1998.
GAGNEBIN, Murielle. *Michel de M'Uzan*. Paris: PUF, 1996.
GAGNEBIN, Murielle; MILLY, Julien (Dir.). *Le Saisissement créateur: Autour de l'œuvre théorique et fictionnelle de Michel de M'Uzan*. Seyssel: Champ Vallon, 2012.

Este livro foi impresso em Cotia,
nas oficinas da Meta Brasil, para a Editora Perspectiva.